河北省企业管理重点学科出版基金资助

河北地质大学博士科研启动基金资助

U0739326

人力资源管理强度
对员工敬业度的影响研究

——以组织支持感为中介变量

张立峰 董晓宏 郭爱英 刘艳萍／著

中国财经出版传媒集团

经济科学出版社

Economic Science Press

图书在版编目（CIP）数据

人力资源管理强度对员工敬业度的影响研究：以组织支持感为中介变量/张立峰等著．—北京：经济科学出版社，2018.6
ISBN 978 - 7 - 5141 - 9324 - 4

Ⅰ．①人…　Ⅱ．①张…　Ⅲ．①人力资源管理 - 影响 - 企业 - 职工 - 职业道德 - 研究　Ⅳ．①F272.921

中国版本图书馆 CIP 数据核字（2018）第 100562 号

责任编辑：周国强
责任校对：郑淑艳
责任印制：邱　天

人力资源管理强度对员工敬业度的影响研究
——以组织支持感为中介变量
张立峰　董晓宏　郭爱英　刘艳萍　著
经济科学出版社出版、发行　新华书店经销
社址：北京市海淀区阜成路甲 28 号　邮编：100142
总编部电话：010 - 88191217　发行部电话：010 - 88191522
网址：www. esp. com. cn
电子邮件：esp@ esp. com. cn
天猫网店：经济科学出版社旗舰店
网址：http://jjkxcbs. tmall. com
固安华明印业有限公司印装
710×1000　16 开　12.75 印张　220000 字
2018 年 6 月第 1 版　2018 年 6 月第 1 次印刷
ISBN 978 - 7 - 5141 - 9324 - 4　定价：58.00 元
（图书出现印装问题，本社负责调换。电话：010 - 88191510）
（版权所有　侵权必究　举报电话：010 - 88191586
电子邮箱：dbts@esp. com. cn）

前　言

在当今激烈竞争环境下，一支高度敬业的员工队伍对于许多企业而言是获取竞争优势的重要因素。近年来，国内外学者对如何通过人力资源管理促进员工敬业度进行了一些有益的探索，但是这些研究着重于人力资源管理内容本身，忽略了人力资源管理的作用过程，即人力资源管理能否向员工传递足够的、清晰的信息，这对员工态度及行为的影响更加关键。鲍恩和奥斯特洛夫（Bowen & Ostroff，2004）将其概念化为人力资源管理强度。目前缺乏人力资源管理强度与员工敬业度之间的关系研究；也尚未有学者在中国情境下对人力资源管理强度、组织支持感和员工敬业度之间的作用关系展开深入研究。

本书在回顾相关研究成果的基础上，依据归因理论、社会交换理论及组织支持理论，构建了人力资源管理强度、组织支持感和员工敬业度之间作用关系的假设模型，旨在解决以下问题：一是研究员工个体因素如性别、年龄及单位性质等对员工感知及态度的影响，考察员工在人力资源管理强度感知、组织支持感以及敬业度上是否存在显著性差异；二是检验人力资源管理强度及各维度对员工敬业度及各维度的作用；三是以组织支持感及各维度为中介变量，探讨人力资源管理强度作用于员工敬业度的具体机制。

本研究主要以问卷调查的方式收集数据。为了保证信度和效度，本研究主要使用国内外的成熟量表进行预测试，并根据预调查数据的探索性因子分析结果对问卷进行了修订，最终形成正式调查问卷。本研究通过对我国企业的 676 名员工进行调查，采用 SPSS22.0 和 AMOS21.0 对数据进行处理：首先进行验证性因子分析，以检验探索性因子分析所确定的各变量内在结构；紧接着进行信度分析，以评估问卷的可靠性及稳定性。在此基础上，采用描述性统计分析、相关分析、独立样本 T 检验和单因素方差分析等方法，对样本数据进行初步处理；最后通过分层多元回归分析对研究假设进行检验，从而得到如下结论：

（1）我国企业员工的人力资源管理强度、组织支持感、敬业度结构与理论构想一致。

（2）人力资源管理强度与员工敬业度显著正相关。人力资源管理强度的独特性、共识性维度分别与员工敬业度的奉献维度显著正相关；独特性、共识性分别与员工敬业度的活力维度显著正相关。人力资源管理强度的一致性维度对奉献、活力维度的促进作用不显著。

（3）人力资源管理强度与组织支持感显著正相关。独特性、一致性、共识性分别与组织支持感的情感性支持维度显著正相关；独特性、一致性、共识性分别与组织支持感的工具性支持维度显著正相关。

（4）组织支持感与员工敬业度显著正相关。情感性支持分别与奉献、活力显著正相关，工具性支持分别与奉献、活力显著正相关。

（5）组织支持感在人力资源管理强度与员工敬业度之间具有中介作用。情感性支持、工具性支持分别在独特性、共识性与奉献之间起部分中介作用；分别在独特性、共识性与活力之间起部分中介作用。总之，人力资源管理强度既可以直接作用于员工敬业度，也可以通过组织支持感间接作用于员工敬业度。

本研究首先检验了人力资源管理强度对员工敬业度的作用方向和程度，对"人力资源管理——员工态度及行为"理论进行了补充。以往员工敬业度的研究主要是从人力资源管理系统内容出发，研究人力资源管理措施对员工敬业度的影响。人力资源管理强度高时通过强势情境的创建，实现人力资源管理信息有效传递，使员工就组织期待、奖励的态度及行为形成共识，从而促进理想结果出现。因此，本研究引入人力资源管理强度，来探讨它对员工敬业度的作用，从而为丰富"人力资源管理——员工态度及行为"理论作出了贡献。此外，本书在前人基础上，进一步拓展了人力资源管理强度结果变量的研究范围；同时也丰富了员工敬业度的前因变量分析。

其次，分析了人力资源管理强度与员工敬业度之间的内在作用机制。本研究证实了人力资源管理强度可以通过组织支持感间接对员工敬业度产生影响，从而深化了人力资源管理强度影响员工态度及行为的机制研究。此外，组织支持感反映了员工与组织的积极关系，是组织氛围的构成成分。本研究结论也初步验证了鲍恩和奥斯特洛夫（Bowen & Ostroff，2004）关于组织氛围在人力资源管理强度与结果变量之间起中介作用的理论构想。

根据上述分析，本研究从改善人力资源管理系统的独特性及共识性、让员工感受到组织的关心尊重两大方面提出了促进员工敬业的一些具体策略。

最后，以一家中型公司为例深入探讨了人力资源管理强度各维度之间的关系，以及它们是如何影响员工敬业度的。

作者
2018 年 3 月

目 录
CONTENTS

| 第 1 章 |
绪　　论

随着中国改革开放的深入，我国的经济越来越融入世界统一市场，企业也越来越参与全球化的竞争。可以说，企业所面临的竞争环境越来越激烈，不确定性的程度越来越高，企业经营风险的不可预测性及其所带来的损失都是非常巨大的。在这样的情况下，我国企业应如何应对呢？员工是企业参与全球市场竞争，抵御各种风险，从而得以生存、发展的重要基石。但是，仅有员工是不够的，仅让员工按质保量完成本职工作也不够，还要求员工敬业，即全身心地投入工作中，自我与工作角色完美融合，高效地完成工作。人员作为企业竞争优势的来源，已经获得了理论界及管理实践者的共识。但是，这种结论有一个前提，那就是企业员工必须敬业。

只有敬业的员工才会积极主动工作，不断思索工作中出现的问题，提出合理化建议，及时补上同事的缺位，积极面对客户主动承担责任。员工敬业度与企业关心的绩效指标如员工留任、顾客忠诚、效率和利润等具有非常密切的关系。对于许多企业而言，建立一支高度敬业的劳动力队伍已经成为一个重要的焦点（Bailey et al，2015）。

本章首先阐明了本书的选题背景、研究目的及意义，进而对本研究的框架及内容结构安排、研究方法、工具及技术路线、创新点等方面进行了一一介绍，对本书的研究对象、过程及工具等进行了简要说明。

1.1　研究背景

国内外的管理咨询公司研究发现，员工敬业与否对企业有着十分重要的影响。敬业的员工，对所在企业高度认可，将企业价值观及行为准则内化为自身的行为规范，自觉遵守企业管理制度、操作流程，积极主动地投身到工作活动中。可以说敬业的员工是企业蓬勃发展的关键性资源。

我国企业员工敬业度如何？从"敬业"（engagement）一词10多年前被外资企业引入中国以来，理论工作者及企业实践者就对这一问题产生了很大的兴趣。全球著名的管理咨询集团如合益集团、盖洛普公司公布的调查数据都显示，我国企业员工的敬业度非常低，远低于世界平均水平，不仅低于南美地区、美国、日本、韩国，甚至低于东欧、东南亚地区的一些国家。2010年国内某管理咨询公司调查发现，目前我国企业员工敬业的只有21%，比例低于"较敬业者"（33%）和"从业者"（27%）。消极怠工的员工接近20%，在这些员工中，"怠业"的有7%，"不敬业"的有12%。2011年中国员工综合敬业度水平为62.28分，处于较低水平。2013年连锁经营行业员工敬业度为76.67，处于国内所有行业的平均水平。与同期的国外数据相比，这一数值也是相对较低的。因此，关于如何提升员工敬业度的研究在理论及实践界逐渐展开，并且已经成为新的研究热点。

目前，国内外敬业度研究集中于概念、维度、量表开发、影响因素、结果变量及作用机制等方面。其影响因素可以概括为组织因素（包括报酬与认可、职业发展机会、公平、领导、组织氛围等）、工作因素（工作压力、自主性等）及个体因素（心理状态、人格特质、恢复能力等）等方面。上述大量组织因素相当一部分是从人力资源管理内容角度提出的。国内外一些学者专门研究了人力资源管理实践与员工敬业度的关系。梅等（2004）将员工敬业度的影响因素分为组织因素、团队因素、人际关系因素和个体因素，这些因素中就包含有大量的人力资源管理措施如薪酬、晋升等。国内曹科岩、王丽平等实证探讨了人力资源管理措施与员工敬业度之间的关系。这些研究成果我们可以称为员工敬业度的内容观——从人力资源管理内容角度去研究与员工敬业度的关系。在这方面已经有了一些理论及实证的成果。

但是在战略人力资源管理研究体系中，近年来兴起一种新的研究视角，就是过程的观点，重在研究人力资源管理系统在实践中是如何发挥作用。它主要从微观的角度去探讨人力资源管理对员工态度、行为及绩效的作用机制。人力资源管理内容本身如某项具体的人力资源管理措施自然是很重要的，但是企业的各项人力资源管理措施要想真正起作用，前提是员工必须理解并接受它，因此员工能否清晰、充分地认识、理解企业的人力资源政策措施更加十分关键。在敬业度研究方面，也有学者开始认识到这一问题。如梅等（2004）认为，个体、团队及组织等影响因素的共同作用以及员工个体对上述因素的感知程度决定了员工敬业的水平。而员工对人力资源管理实践的感知程度被人力资源管理系统的独特性、一致性及共识性所影响（Bowen & Ostroff，2004）。人力资源管理系统作为沟通渠道，通过一系列具体管理活动将组织目标、价值观等信息传递给员工；员工根据感知到的情境对注意到的信息进行解读、按其行事、接受反馈。鲍恩和奥斯特洛夫（Bowen & Ostroff，2004）指出，人力资源管理系统被感知为高度独特的、一致的、共识的，就会创造一个强情境，向员工传递清晰、一致的信息：对于员工而言，哪些行为是重要的、组织所期待的和会被奖励的等。此时的人力资源管理措施才能更好地被员工理解和接受。鲍恩和奥斯特洛夫（Bowen & Ostroff，2004）将其概念化为人力资源管理强度（human resource management strength，HRMS）。因此，人力资源管理强度高时，能够帮助员工理解并认可企业的人力资源管理措施，实现员工个人目标和组织战略目标的一致，满足员工的社会情感等有关需求，从而实现员工敬业度的提升。

此外在员工敬业度影响因素研究中，有一个非常重要的因素即组织支持感。组织支持感（perceived organizational support，POS）是指员工认为组织重视他们的贡献、关心他们的福祉以及满足他们的社会情感需要的程度（Eisenberger et al，1986）。组织支持感一般被认为是组织与员工的积极互动，员工往往用更好的表现来回报所收到的奖励和优惠对待。高水平的组织支持不仅能够增强员工对组织的情感依赖，而且会使员工认为有责任有义务通过实际行动来支持组织目标以回报组织的支持，从而积极帮助组织实现目标。因此，从本质上讲，组织支持感就是组织对员工的承诺。目前，在组织支持感与员工敬业度的关系方面国内外已经有了一些研究成果，如罗兹等（Rhoades et al，2002）、萨克斯（Saks，2006）、罗特曼等（Rothmann et al，2007）、曹科岩（2012）、卢纪华（2013）等学者研究指出，组织支持对员工敬业度有显著预测作用；而且实证研究表明，与其他前因变量相比，组织支持感影响更大、更为关键。国内外研究表明，组织支持感在人力资源政策措施与员工敬业度之间的作用过程中是一个非常重要的环节。既然组织支持感能够在人力资源政策措施与员工敬业度之间起中介作用，那么它是否会在与人力资源措施有密切关系的人力资源管理强度与员工敬业度之间发挥作用呢？到目前为止，对于这方面的研究则没有。作为态度与行为复合概念的员工敬业度（Little et al，2006），反映的是员工对工作的情感、认知及体力投入，它来自于员工对感知到的组织支持程度的回报。根据社会交换理论及组织支持理论，员工组织支持感的获取既离不开人力资源管理政策措施，也不能脱离人力资源管理强度。因此，我们有理由推论：组织支持感会在人力资源管理强度与员工敬业度之间发挥一定的作用。

综上可知，在员工敬业度研究中，人力资源管理政策措施及强度两个方面都是重要的。以往的研究，作为影响因素，仅关注人力资源管理内容（政策措施），而对于人力资源管理强度缺乏研究。此外，在员工敬业度的众多影响因素中，组织支持感是一个关键的、综合性较强的、重要的因素，在人力资源管理与员工敬业度的影响过程起着非常关键的中介作用。本研究将从人力资源管理强度入手，深入探讨它与员工敬业度的关系以及组织支持感的中介作用，分析人力资源管理强度对员工敬业度的作用过程，以期为人力资源管理强度、员工敬业度的理论研究及实践操作提供支持。

1.2 研究目的及意义

1.2.1 研究目的

由于以往研究仅关注人力资源管理政策措施，对于员工的理解及接受情况重视不够或者是予以忽略，认为好的人力资源管理措施自然就会产生好的效果，实践已经证明这并不可行。因此，本研究从人力资源管理政策措施实施过程，即员工理解及接受角度出发，探讨人力资源管理强度与员工敬业度的关系，并以组织支持感作为中介变量考察其内在的作用机制，以丰富人力资源管理强度及员工敬业度的相关理论研究，指导组织提升员工敬业度。

具体而言，包括以下分目标：

人力资源管理强度理论认为，员工对人力资源政策措施的感知、理解与接受是人力资源管理系统发挥作用的关键。人力资源管理强度高时形成强情境，在此情境中员工能够清晰一致的对企业要传达的价值观、目标等信息进行感知、理解与接受，从而产生工作满意度、积极努力工作。对于我国企业员工，验证人力资源管理强度及三个维度是否对员工敬业度及各维度有显著促进作用，这是本研究的第一个研究目的。

此外，人力资源管理强度与结果变量之间关系的内在作用机制研究比较缺乏。鲍恩和奥斯特洛夫（Bowen & Ostroff, 2004）指出，组织氛围可能会在人力资源管理与高阶行为、组织绩效之间发挥中介作用。主管支持感属于组织氛围的构成维度之一（Patterson et al, 2005）。主管支持感与组织支持感从内在机理、前因及结果变量等方面都非常相似。企业实践中，知觉到高主管支持的员工，其组织支持感水平也比较高（Eisenberger et al, 1986）。基于组织拟人化思想，主管主持感是组织支持感的主要内容之一，因此我们可以将组织支持感视作组织氛围的构成成分。组织支持感也是一个非常重要的中介变量，它在多个组织行为学变量之间承担中介作用。通过人力资源管理强度高时所创建的强情境，员工能够清晰准确感知、理解企业通过人力资源管理所传达的信息，即感知到组织的支持，作为回报，自然就会产生敬业的态度及行为。因此，本研究引入组织支持感，检验在我国情境下，组织支持感是否在人力资源管理强度与员工敬业度之间发挥中介作用，这是本书的第二个研究目的。

1.2.2 研究意义

本研究在一定程度上丰富了人力资源管理强度、组织支持感、员工敬业度的理论体系和研究范畴，对深化相关领域研究具有一定的理论意义，具体表现在以下两个方面：

（1）有利于丰富人力资源管理强度、员工敬业度的相关理论。鲍恩和奥斯特洛夫（Bowen & Ostroff, 2004）人力资源管理强度理论提出后，西方学者纷纷进行研究，取得了一定的成果，主要集中在概念测定、前因及结果变量方面。但是与大量的人力资源管理内容的研究相比，该理论的研究仍处在早期，还有很多问题需要解决。对于重要的员工态度行为复合变量——敬业度，其影响因素的分析主要集中在人力资源管理内容方面，缺乏从人力资源管理强度进行的分析。根据桑德斯等人（Sanders et al，2008）、李晓蓓等人（Li et al，2011）相关研究，人力资源管理强度对员工的情感承诺、离职、满意度等工作态度变量有显著影响，那么我们是否可以推断人力资源管理强度也会对员工敬业度产生影响？该问题在国外及国内都没有相应的研究。因此，本研究旨在探明我国情境下人力资源管理强度对员工敬业度的影响，在前人基础上进一步拓展了人力资源管理强度结果变量的研究范围；同时也丰富了员工敬业度的前因变量分析。

（2）从组织支持感出发初步揭示人力资源管理强度对员工敬业度的作用过程。人力资源管理强度对员工工作态度和工作行为如情感承诺、创新行为等具有明显地促进作用，但也有不同的，甚至矛盾的结果。理论及实践发展需要建立一个全面、完整的作用模型来深化人力资源管理与员工态度、行为及绩效之间的关系。学者们的研究表明，组织氛围在人力资源管理与组织绩效之间起中介作用，而组织支持感的主要内容——主管支持感又是组织氛围的构成维度之一。基于此，本研究以人力资源管理强度与员工敬业度的关系为基础，引入组织支持感作为中介变量尝试解释人力资源管理强度对员工敬业度的作用机理，实证检验组织支持感在人力资源管理强度与员工敬业度之间的中介作用，为分析员工敬业度提供新的视角。

实践方面，目前我国企业整体人力资源管理水平还比较低，人力资源管理的推动作用也较小；员工敬业度也处在较低的水平上，亟须进一步地提高。因此，开展人力资源管理强度与员工敬业度关系的研究，对企业人力资源从业人员改善观念、提升员工敬业度、改进人力资源管理强度都具有一定的现实作用。本研究实践价值主要体现在以下三个方面：

（1）促进人力资源管理从业人员观念转变。在实践中，很多企业投入了大量的资源进行人力资源管理体系的建设，但是结果却令人失望。这里面显示了人力资源从业人员的一个误区：只要设计出一套完善的人力资源管理系统就万事大吉了。通过本研究，可以使从业者明白：人力资源管理系统的内容固然重要，其强度或者说员工感知、理解、接受情况更加重要。因此，管理者不仅要重视人力资源管理内容的设计，更要注重人力资源管理措施的实施。以往认为"完善的人力资源系统＝员工高效产出"的旧观念已经过时，没有所谓"最佳人力资源管理措施或系统"，系统的实施也是至关重要的。二者的均衡是关键（汪晓媛，2012）。本研究对促进从业者以重视人力资源管理系统实施的新观念取代仅看重人力资源管理内容的旧观念具有一定的作用。

（2）为企业管理者提升员工敬业度提供对策。实践中，由于员工敬业度较低，为各国企业及国民经济带来了巨大的损失，企业界一直在讨论解决员工敬业度提升的问题。这也是员工敬业度研究受到管理咨询公司重点关注的原因。本研究的结论可以为人力资源管理从业者及各级管理者提供一些操作性较强的对策建议。通过对人力资源管理强度与组织支持感、员工敬业度关系的实证分析，可以给管理实践者提供明确的管理工具：如何通过人力资源管理实践提升组织支持感，进而促进员工敬业？如此，帮助企业改善员工敬业度，提高工作产出。

（3）为企业管理者改进人力资源管理强度提供帮助。尽管很多企业花费了大量时间、精力及费用，建立了完善的人力资源管理体系，但是实际效果却不令人满意。究其主要原因就是人力资源管理措施没有"落地"。例如，很多企业都建立了科学完善的员工招聘、培训、考核、薪酬制度或政策，但这些制度或政策仅仅停留在企业的内部文件或者网站上，真正落实并得到员工了解和信任的并不多，很难影响员工的工作态度和行为，自然也就没有良好效果。通过对人力资源管理强度的分析，可以为企业管理者指明改进本组织人力资源管理系统的路径，从而帮助企业改进人力资源系统的实施，促进各项人力资源管理措施的"落地"。

1.3　研究框架及结构安排

1.3.1　研究框架

本研究从我国企业员工敬业度偏低这一现实问题出发，从人力资源管理实施角度，分析人力资源管理强度、组织支持感、员工敬业度三者之间的关系，为企业提高人力资源管理水平、提升员工敬业度提供理论支持及实践对策。

本研究首先对人力资源管理强度、组织支持感、员工敬业度进行文献梳理、评价，找出现有研究的空白或不足；其次，依据相关理论及以往研究成果构建出本研究的理论模型，为后面的实证研究奠定基础；接着通过实证研究考察人力资源管理强度对员工敬业度的影响及组织支持感的中介效应，并对研究结果进行讨论，提出管理策略和建议；最后，以具体企业进行案例分析，进一步探讨人力资源管理强度三维度之间的相互关系以及它们影响员工敬业度的机制。

1.3.2　本书结构安排

根据研究内容的需要，本书分为7章，各章主要内容如下：

第1章　绪论。本章包括选题的背景、研究目的与意义；研究框架及结构安排；研究方法、工具及技术路线；本书的创新点。

第2章　理论基础与文献综述。首先介绍本研究所依据的基础理论，包括归因理论、社会交换理论及组织支持理论；其次梳理评价人力资源管理强度、组织支持感、员工敬业度国内外相关研究，以国外文献为主，分析现有研究存在的不足，为下一步研究奠定基础。

第3章　理论模型与研究假设。本章首先构建总体的理论模型，接着提出人力资源管理强度与员工敬业度关系的假设、人力资源管理强度与组织支持感关系的假设、组织支持感与员工敬业度关系的假设以及组织支持感的中介效应假设。

第4章　研究设计与数据收集。本章包括研究样本、研究数据收集、研究变量测量、主要数据分析方法、预测试及问卷修订。

第5章　研究结果及分析。本章运用统计分析软件对正式问卷信度、效度进行检验；对模型进行统计分析和假设检验（描述性统计分析、相关分析、回归分析等）；并对已通过验证的假设和未通过验证的假设进行讨论、分析。

第 6 章 结论与展望。总结本书的研究结论，在此基础上，提出理论启示及管理建议；最后分析本研究的局限性和未来展望。

第 7 章 案例分析。以具体企业为例，进一步分析人力资源管理强度与员工敬业度之间的关系。

1.4 研究方法、工具及技术路线

1.4.1 主要研究方法

本研究主要采取了理论研究与实证研究相结合的方法对人力资源管理强度与员工敬业度之间关系进行研究，并探讨了组织支持感的中介作用。

1. 文献研究

通过查阅中国学术期刊网、EBSCO、Wiley、Elsevier、Springer 等网络数据库和专业期刊，对人力资源管理强度、组织支持感、员工敬业度进行国内外研究文献收集、阅读，在此基础上对这些变量的含义、结构维度、测量、前因及结果变量等内容进行归纳整理，总结前人的研究成果及存在不足。据此，确定本研究的主题为人力资源管理强度对员工敬业度影响机制问题。根据相关理论，结合已有研究成果并通过理论推演提出各变量间相关性研究假设以及组织支持感中介作用假设模型。此外，研究工具的选取也来自于文献阅读，选择人力资源管理强度、组织支持感、员工敬业度国外成熟的经典的量表作为测量工具，同时尽量选择在我国情境下实证研究中经过检验的、信度效度较高的量表。

2. 实证研究

根据方便抽样的原则，以河北、北京、广东、云南、上海等省市 1000 余名员工为对象，通过现场调查、邮寄和电子邮件方式进行大规模的问卷调查以收集数据，对提出的假设进行检验。人力资源管理强度、组织支持感、员工敬业度问卷以国内外成熟量表为基础，通过翻译、回译及修订得到。调查包括预测试和正式测量两个阶段。预测试发放问卷 220 份，回收有效问卷 182 份。通过预测试对量表的各个项目进行检验。根据预测试结果对最初问卷进行了调整，删除了部分题目，变更了个别题目的表达方式。修订后的问卷进行正式测量，发放 900 份，回收有效问卷 676 份，用以验证人力资源管理强度、组织支持感、员工敬业度三者之间的关系。

1.4.2 研究工具

采用社会科学统计软件包 SPSS22.0 和软件 AMOS21.0 进行问卷数据分析与处理。运用 SPSS22.0 进行问卷信度检验、探索性因子分析、描述性统计分析、多元线性回归分析；运用 AMOS21.0 进行验证性因子分析。

以德尔莫特、德温恩和塞尔斯（Delmotte, De Winne & Sels, 2012）编制的人力资源管理强度量表（strength of human resource management scale）为基础进行了修订，测量在我国情境下员工对于人力资源管理系强度的感知；组织支持感采用陈志霞（2006）以艾森伯格等学者（Eisenberger et al, 1986）为基础修订后的组织支持感问卷（survey of perceived organizational support），了解员工对于组织支持情况的知觉；员工敬业度问卷采用修订后肖菲利（Schaufeli, 1986）编制的工作投入量表（utrecht work engagement scale, UWES）。

1.4.3 研究技术路线

本研究主要由五阶段构成：第一阶段，文献综述和理论分析，为后续研究奠定理论基础；第二阶段，理论模型构建及研究假设提出，基于上述理论分析，通过理论演绎构建人力资源管理强度、组织支持感、员工敬业度之间的理论模型并提出各变量之间关系的研究假设；第三阶段，实证分析及模型检验，根据问卷调查获取的数据，对第二阶段提出的理论模型进行检验；第四阶段，结论与展望，归纳本研究的结果，并提出管理对策；第五阶段，案例分析。研究的技术路线如图 1 - 1 所示。

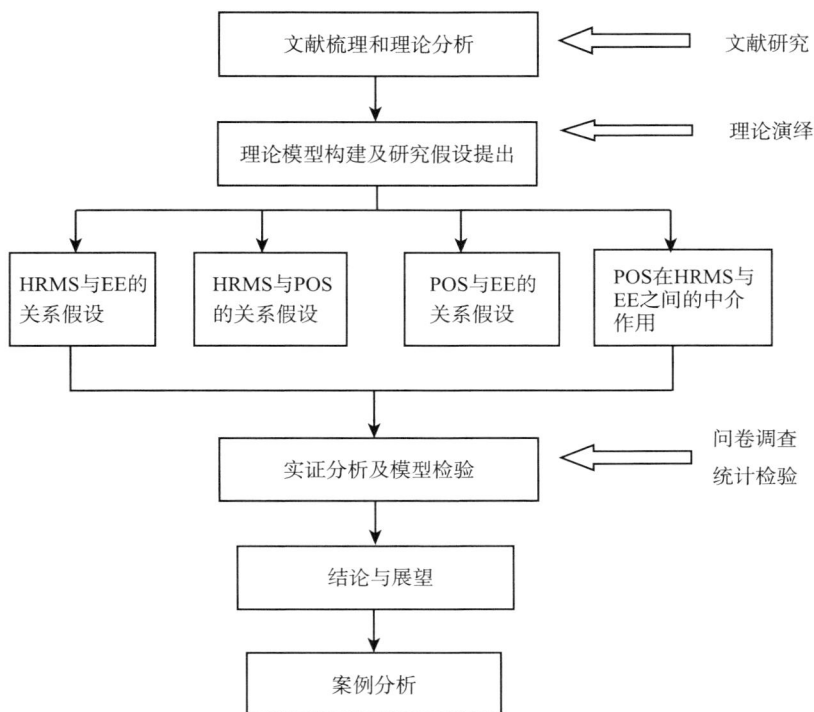

图 1 - 1 研究技术路线

1.5 研究创新点

本研究最大的创新之处在于引入人力资源管理强度概念，分析其与员工敬业度之间的关系，并以组织支持感为中介变量探讨人力资源管理强度影响员工敬业度的内在机制。具体创新点如下：

1. 引入人力资源管理强度概念，从过程视角分析人力资源管理与员工敬业度的关系

以往的研究主要是从人力资源管理内容——具体措施或活动的角度研究其与员工敬业度的关系，对于人力资源管理作用过程，即员工能否有效感知到人力资源管理对敬业度的影响缺乏研究。社会认知理论认为，组织的环境

（如人力资源管理措施）一般是通过影响人体的认知（如员工对人力资源管理信息的感知和理解），进而对个体态度和行为施加影响（唐贵瑶等，2013）。人力资源管理强度反映了人力资源管理信息有效传递、被员工有效感知的程度，它是人力资源管理在实践中发挥作用，即对员工工作态度及行为产生影响的关键（李敏等，2011）。因此，本研究并不关注人力资源管理具体措施或具体活动，而是将人力资源管理强度这一反映员工有效感知人力资源管理的变量纳入研究框架，对以往的研究范围进行了一定拓展。研究发现，人力资源管理强度对员工敬业度具有显著地促进作用。

2. 以组织支持感为中介变量分析其在人力资源管理强度与员工敬业度之间的作用

现有的国内外关于人力资源管理强度影响结果的研究，多为直接作用的分析，相对简单，对于其产生作用的内在机制缺乏深入探讨。鲍恩和奥斯特洛夫（Bowen & Ostroff, 2004）认为，组织氛围是人力资源管理与高阶的行为、组织绩效之间关系的一个关键的中介变量，但是并没有进行实证检验。主管支持感属于组织氛围的构成维度之一（Patterson et al, 2005）。根据组织拟人化观点，员工主管支持感的获取主要是来自于组织方面的帮助与支持，主管支持感是组织支持感的主要内容之一（宝贡敏等，2011）。因此，本研究引入组织支持感作为中介变量，实证检验其在人力资源管理强度与员工敬业度之间的作用。这对于深化人力资源管理强度发挥作用的内在机制研究，明确变量之间的内在关系都是非常有帮助的。实证结果表明，组织支持感在人力资源管理强度与员工敬业度之间具有中介作用。

| 第 2 章 |

理论基础与文献综述

2.1　理 论 基 础

2.1.1　归因理论

归因，顾名思义，是指"原因归属"，即将行为或事件的结果归属于某种原因。心理学认为归因就是根据结果从多种可能因素中选择或寻找原因的决策过程（刘永芳，2007）。通俗地讲，归因一般是指人们对自己和别人行为的结果作出解释的过程。1958 年，海德（Heider）首先对原因知觉进行了系统研究并提出归因理论（attribution theory）基本原理和思想。此后，琼斯（Jones）和戴维斯（Davis）、凯利（Kelley）等学者为归因问题的研究作出了巨大贡献。

海德认为，人们如何看待行为的原因并解释他们的所做（即归因），普遍存在于现实生活中。行为可以归因于性情（如人格特质、动机、态度等），行为也可以归因于情境（如外部压力、社会规范、同伴压力、天灾、机会等）。为了满足了解、控制环境的需要，人们就会依据已知和未知的信息去分析推断行为和事件发生的原因。

凯利对海德理论进行了扩充和扩展，提出了归因共变模型（covariation

model）。共变模型认为，当行为发生时人就会进行行为的归因；而行为没有发生时归因就不会出现。因此，人们会以理性、逻辑的方式进行因果归因，将行动的原因归于与该行动最密切的共同变化的因素。在进行社会行为归因时，个体可供选择的原因包括：活动者个人方面，如能力、个性、态度等；环境方面，如组织文化、外界压力等；刺激物方面，如活动对象的特点等。他提出，对个体行为的归因来自于下列三种信息：第一是一致的信息，在相同的情况下、面临相同的刺激时其他人是如何行动的。第二是独特的信息，个人对不同刺激是如何反应的。第三是一贯的信息，面对类似但不同的刺激，个人的行为可以被观察到的频率。根据这三个来源的信息，观察者将个人的行为归因到内部因素或外部因素。对于社会心理学的许多问题，相关的构成原因的因素包括人、刺激、时间以及与刺激互动的模式四个方面。具体来说，特定的个体在特定情境下对一定刺激的反应的归因取决于个体对上述三种信息感知的程度：对同一刺激本人与他人反应一致情况、本人在其他情境下对刺激的反应一贯情况、本人对其他刺激的反应独特情况（Kelley et al，1980）。1972年麦克阿瑟（Mcarthur）通过实验研究，基本证实了凯利的共变模型。

韦纳（Weiner）认为个体对行动者的内在或外在动机的潜在后果作出最初的情感反应，这反过来又影响未来的行为。个体对他们在活动中成功或失败的原因的特有感知或归因会决定其从事未来活动的努力的程度。韦纳还指出，个体会把归因搜索和认知评价运用到他们所参与的行为中。相对于导致负面情感和对成功的低期望的归因，当归因带来积极情感和对未来成功的高期望时，这种归因的结果会使个体在未来从事类似工作任务时产生更大的意愿。当个体遇到类似的情况时，这样的情感和认知评价会影响未来的行为。韦纳的成就归因包括：原因的稳定性、原因的可控制性、内部或外部原因。稳定性影响个体对其未来的预期；控制与个体任务的持续性相关；因果关系影响对任务结果的情绪反应。

归因认知过程理论主要关心个体是如何进行归因的，其中的过程及影响因素是其研究的重点。此外，另一个研究领域是归因效果论，它关注于归因是如何影响个体的情绪、动机和行为的。它为说明、解释、预测和控制人类行为提供了一种强有力的工具，使归因理论在多个领域得到了广泛的应用（刘永芳，2007）。归因效果论主要结论如下：如果个体认为导致最初行为的原因是稳定的、不变的，那么该行为会被个体预期或期望再度出现；如果行为原因是不稳定或可能发生变化，那么此类行为很可能不再出现。此外，个体对以前行为的内外原因、稳定及可控程度的感知也会引起不同的情绪、情感体验，强化或弱化活动的动机。

2.1.2　社会交换理论

社会交换理论（social exchange theory）是组织行为学领域中一种最有影响的概念范式。它的起源可以追溯到上世纪 20 年代的人类学、社会学、社会心理学等学科。社会交换理论是由社会学家霍曼斯（Homans）在 1958 年创立的。他将社会交换定义为至少两人之间发生的，有形的或无形的，奖励或代价相等的活动的交换（Cook et al, 2013）。社会交换涉及一系列的产生义务的相互作用。在社会交换中，这些相互作用通常被认为是相互依存的并且根据他人的行为而确定。在某些情况下，这些相互依存的交易有可能产生高品质的关系。

社会交换理论的基本原则之一是，关系随着时间演进发展到信任、忠诚和相互承诺。要做到这样，各方必须遵守一定的交换"规则"。交换规则形成一种"由交换关系的参与者所采取或形成的情境的规范性定义"（Emerson，1976）。在这种方式中，交换的规则和规范成为交换过程的"指南"。

自我利益和相互依赖是社会交换的核心属性。当两个或更多的行动者有具有价值的东西时，他们必须决定是否交换和交换数额，这是互动的基本形式。霍曼斯用个人主义的概念来解释交换过程。对他来说，个人利益的意义就是经济需求和心理需求的结合。实现自身利益在社会交换领域是常见的。在社会交换中，利益不是负面的东西；相反，当利益是公认的，它将作为促进双方利益关系的人际关系的指导力量。

社会交换观点认为，奖励和成本推动关系决策。霍曼斯把他的理论基于行为主义认为人们追求成本最小化的奖励。社会交换中的双方相互承担责任，相互依赖。人们通过减去交换所获得的奖励来计算某一特定关系的整体价值。如果价值是正值的话，那是一个积极的关系。相反，负数表示消极关系。关系的价值会影响结果：人们是否会继续或终止这种交换关系。在互惠互利的交换中，每一方为了自己都要以较低的成本满足另一方需要，而并非仅仅为了另一方提供的资源的价值。令人满意的相互关系会确保关系稳定。

霍曼斯采取了个人主义的方法，其主要目的是阐明社会结构和社会交换的微观基础。通过研究这种形式的行为，他希望明确更复杂、更正式及制度化的社会行为的非正式的子系统基础。霍曼斯认为，社会结构是从基本形式的行为出现。他将社会结构和制度基础的形成，与个人的行为，例如他们对奖励和惩罚情况的反应，联系起来。

霍曼斯提出了五个关键命题，以帮助构建基于奖励和成本的个人行为。这一套思想代表了霍曼斯社会交换理论的核心问题。成功命题：当一个人发现自己的行为得到回报时，他们就倾向于重复这个动作。刺激命题：当一个以往的特定的刺激经常导致回报时，一个人更可能回应它。价值命题认为，如果行动的结果被个体认为是有价值的，这种行为更可能发生。剥夺—满足命题：一个人在最近的过去越是经常获得特别的回报，进一步的回报就变得越没有价值。第五个命题讨论由于不同的奖励情况所引发的情绪问题。那些得到比期望更多的或没有受到预期惩罚的人们会感到幸福、会表现出赞许。

在霍曼斯创立该理论之后，布劳（Blau）和爱默生（Emerson）进一步完善了社会交换理论。布劳运用微观经济学的理论研究社会交换，将社会交换界定为"个体受到对他人回报要求的驱使而做出的自愿行动"（Blau，1964）。在他的角度，每一个人都试图使自己的所得最大化。布劳认为，社会交换无处不在，不仅存在于市场关系中，而且在其他社会关系如友谊中也存在。当人们的付出获得公平回报时社会交换过程就会带来满足。社会交换与经济交换的主要区别是当事人之间交换的性质。社会交换关系不同于那些纯粹的经济交换，在社会交换中彼此的义务往往是未指定的，而且衡量的标准往往是不明确的。在交换中，如果双方都得到满意的结果，双方就会提供更多自己的努力，以影响对方做出回报，从而避免亏欠对方。

布劳认为霍曼斯理论只适于解释典型的小群体成员交换，他把交换应用到社会、宏观层面。他指出，社会吸引力导致了社会关系的建立，进而产生社会交换过程。交换的过程可以是一个平等的，相等的回报从一方向另一方移动。当不平等的交换发生时，权力就会出现。一个人依靠别人来获得他们在社会交换过程中所需要的东西，就拥有了权力。如果拥有权力的个人遵守社会的规范和价值观，如公平和互惠，那些依靠他/她的人们就以忠诚和顺从使他/她的权力合法。由于权力合法和群体服从，组织成为一个制度化的交换价值的系统。它独立于任何个人，成为社会结构的一部分。因此，布劳认为，构成社会结构的宏观层面上的机构是产生在微观层面，遵守社会规范和价值观的一系列的社会交往之上。

布劳指出，社会交换关系双方通过一系列相互的，但不一定同步的交换在每一方产生互惠义务。互惠规范是社会交换中普遍接受的原则。古尔德纳（Gouldner，1960）概述了交换中互惠的性质。在社会交换中，交换需要双向的交易，必须同时给予和返回一些东西。为此，包含互补安排的相互依存被认为是社会交换的定义性特征。相互依存关系强调有条件的人际交易，一方当事人的行为导致另一方的反应。如果一个人提供利益，接受方会做出相应回报。人们会因利益返回而对对方做出积极反应，并对损害作出敌意反应。因此，当一个人受到对方有利对待时，互惠规则会使他积极回报对方。个体根据所感知到的从交换中所获得的价值大小，产生不同程度的回报对方的责任感。

莱文森（Levinson，1965）认为，雇佣是努力、忠诚与实际利益、社会奖励之间的交易。在某种程度上，员工和雇主之间的关系适用于互惠规范，由任何一方收到的优惠待遇要求回报，导致对双方都有益的结果。马斯特森等（Masterson et al，2000）提出，一方给另一方做出贡献或提供服务后，就会期望在未来获得回报。得到有价值的东西的另一方，则会产生一种回报对方的责任感。对于曾经帮助过自己的个体，员工必然会积极主动地给予回报，以便未来获得更多的收益。学者们基于社会交换理论分析组织与员工之间关系。他们认为员工通过忠于组织及努力工作以换取经济利益和社会奖赏，从而组织与员工关系得以建立。肖尔等（Shore et al，2003）综述表明，社会交换过程构成雇佣关系的基础，在某种程度上组织与员工之间的关系就是社会交换关系。

2.1.3　组织支持理论

组织支持理论是建立在社会交换理论基础之上的一种社会心理学理论，

组织支持理论是组织拟人化思想和社会交换理论在组织行为及人力资源管理领域的具体体现。

莱文森（Levinson，1965）首次提出组织拟人化思想。他指出，在组织的选择过程中往往会导致人的聚集，这些人员的个性结构有许多共同的地方，因此他们往往会沿着某些人格维度以一般方式采取行动。这些因素导致了"公司人格"，即特定公司的员工的一般行为模式，被组织内外部其他人所认可，支持组织特征的连续性。反过来，员工成为组织的一部分，成为代表整个组织的象征。该组织的公众形象被转移到人。由于移情及互换作用，员工认为组织具有人类的特点，并与之发生联系。组织代理人——管理者所采取行动通常被视为组织意图的信号，而不是仅仅归结为代理人的个人动机。组织的政策、规范和组织文化总是通过组织代理人的角色行为持续不断地体现出来，作用于每个员工。基于组织拟人化，员工将他们受到的组织有利或不利的对待视作组织支持或剥夺他们。据此，员工形成组织重视其贡献、关心其生活的整体评价。

基于社会交换理论和组织拟人化思想，艾森伯格等人（Eisenberger et al，1986）提出组织支持理论。该理论认为当员工通过努力工作获得更高的工资、享受到主管提供的工作支持，并感觉他们的工作是有意义的时候，员工的心理及生理需求都得到了满足，此时员工会认为组织重视他们的福祉、关注他们为组织所作的贡献。这就是组织支持感的由来。组织支持到位时，雇主和员工的利益是互惠的。员工感受到组织的有利对待时，基于互惠原则，员工就会产生关心组织、帮助组织实现目标的一般义务，进而表现出有利于组织的态度及行为。组织支持感会被组织对待员工的各个方面所影响，反过来，它又会影响员工对组织对待员工的潜在动机的解释。这些支持包括该组织对员工未来的疾病、错误和优秀绩效的可能反应，以及组织愿意支付公平的工资，使员工的工作有意义和有趣。知觉到支持会提高员工的预期——对于实现组织目标的努力，组织将进行更大的奖励（努力—结果预期）。此外，只要知觉到支持也满足了赞扬和认可需求，员工会将组织成员身份认同，从而形成对组织的积极情感纽带（情感依恋）。努力—结果预期和情感依恋会使员工以更多的出勤和更高绩效形式增加工作努力，以实现组织的目标。

组织支持理论改变了以往片面强调员工对组织的承诺，首次提出组织对员工的承诺（雇主承诺），强调关心和重视员工的重要性，填补了以往相关理论的空白。自问世以来，该理论迅速引起理论及实践工作者的高度重视。

2.2　文　献　综　述

2.2.1　人力资源管理强度

1. 概念界定

（1）概念的源起

近年来，学者们对研究人力资源管理和企业绩效之间的关系投入了大量的注意力。由于缺少对人力资源管理作用于组织绩效影响机制的深入分析，致使研究结论不一致甚至是相反的，如有的学者认为二者之间存在密切关系，而有的学者则认为二者没有关系。珀塞尔等（Purcell et al, 2007）、西希等（Nishii et al, 2007）学者认为，以往的大量研究忽视了员工在人力资源管理与组织绩效关系链中的关键角色与重要作用。以往的研究实际上认为，只要组织设计出科学合理的人力资源管理措施，员工自然会有效地感知到、理解并执行。在组织实践过程中，这种情况较少出现。多数情况下，由于个体人格特质、当时当地环境等因素的影响，员工很难完全按组织设计的人力资源管理措施去行动。组织通过人力资源管理向员工传递信息，在一定情境中员工注意到信息、接收并理解，然后决定什么样的目标是重要的、什么样的行为是被期望、被支持和会被奖励的，据此采取相应的行为反应。但是在信息传递过程中，由于噪声等干扰因素存在，特别容易出现信息遗漏、扭曲及变形问题。这样一来，由于传达的信息模糊不清，员工可能会基于自身对现实的理解作出主观臆断，并且根据臆断来引导自己的行为。员工个体性差异化的解释会导致差异化的员工行为、忠诚与工作满意度（Guzzo et al, 1994）。组织的人力资源管理活动通过促进员工产生适当的工作态度及行为，最终创造出相应的组织绩效。因此，人力资源管理要实现组织目标、为组织带来收益，就必须对员工的态度和行为进行相应地引导和调控。而组织要通过人力资源管理影响员工的态度及行为，既离不开人力资源管理具体制度及措施，更要让员工清晰准确地理解并认可人力资源管理活动。

（2）概念的界定

在此背景下，鲍恩和奥斯特洛夫（Bowen & Ostroff，2004）应用归因理论、沟通理论及意义建构理论，提出了人力资源管理强度的概念，用以强调员工在人力资源管理过程中的主动地位与作用（唐贵瑶等，2013）。他们尝试从员工有效感知人力资源管理的角度去探讨人力资源管理对组织绩效的影响，去解析人力资源管理作用过程对员工态度和行为的影响，从而极大地推动了人力资源管理对组织绩效影响机制方面的研究。

在组织中，员工接受、过滤人力资源管理所传递的信息，并对信息进行加工、解释、转换，最后依据信息采取相关行动（Chaiken，1996）。更确切地说，在人力资源管理情境中，员工往往根据这些信息沟通进行因果推断，以决定什么样的行为是被期待的和会被奖励的。为了对情境作出准确归因，员工必须要有足够的、清晰的信息。根据凯利的共变模型，一个人能对情境中原因——结果关系作出自信的归因取决于独特性（事件—结果是高度可观察的）、一致性（事件—结果在不同的形态和时间里呈现得是一样的）和共识性（个人关于事件—结果的观点是一致的）的程度。基于此，鲍恩和奥斯特洛夫（Bowen & Ostroff，2004）指出，人力资源管理强度可以被概念化为其在传达创建一个强情境所需信息的效能，包含独特性（distinctiveness）、一致性（consistency）和共识性（consensus）三个维度。当人力资源管理系统被感知为高度独特的、一致的和共识的，即人力资源管理强度高时，它就会在组织内部形成一个强势的影响情境，在此情境下员工之间就组织所期望的态度及行为反应形成共享的集体感知，进而对员工的态度及行为产生强烈的影响（Bowen & Ostroff，2004）。

库尼亚等（Cunha et al，2004）认为，人力资源管理强度是对人力资源管理系统"元特征"的整合，使员工能够对组织目标形成共同的认识。人力资源管理系统传递信号给员工，就组织所期待的员工适当反应在员工之间形成集体的意义共享。这种意义共享反映了人力资源管理强度，因此人力资源管理强度是指关于员工适当反应的一致（相对于模糊）的期望所能被诱发的程度。

卡德尔等（Qadeer et al，2013）指出，人力资源管理强度是指人力资源管理系统形成强势组织氛围的能力，在此氛围中个体对组织所期待的、有回报的行为产生共同理解。

李敏等（2011）认为，人力资源管理强度是指"能为组织创造高强度组织氛围的人力资源管理效率"，即人力资源管理信息能够有效传递和被员工有效感知。

综上，自鲍恩和奥斯特洛夫（Bowen & Ostroff，2004）提出此概念后，至今没有一个统一、明确的界定。这极大地制约了相关理论及实证研究的推进。对于此概念的内核学者们有了一定的、相对成熟的认识：

①人力资源管理强度高时会创造一个强情境，强情境会将什么是合适行为等信息清晰地传达给员工，使员工能够有效地感知、理解人力资源管理，从而表现出适当的态度及行为，这为在人力资源管理与组织绩效之间建立微观联系提供了一种可能性解释。

②人力资源管理强度不直接关注人力资源管理政策措施本身，关注重点在员工，或者说是员工对人力资源政策措施的主观感知。具体而言，员工根据对组织人力资源政策措施的因果解释以理解何种行为是重要的、组织期待的、有奖励的、适当的，进而表现出相应态度和行为。这是组织影响员工态度和行为的内在机理。

③人力资源管理系统是一种复杂的沟通装置，通过人力资源管理制度、政策、措施的设计、执行，将组织期望信息（价值观、目标等）持续不断地传递给员工，经过员工感知（解码、理解、接受、内化等）后对其态度及行为产生影响。为了提高信息传递的效率，发送清晰、一致、明确的信息给员工，有效避免噪声干扰，降低信息失真，提升员工主观感知质量，人力资源管理系统必须具备高独特性、高一致性、高共识性。

（3）相似概念区别

人力资源管理的内容是指组织有关人及其行为的制度、政策及措施，如职位分析、人力资源规划、招募甄选、培训开发、绩效评价、薪酬福利、员工关系等方面。而人力资源管理的实施是指上述制度、政策及措施在组织中的具体贯彻推行的活动过程。前者从静态的角度，后者从动态的角度去研究人力资源管理。国外学者明确指出，计划或预期人力资源措施、实际执行的人力资源措施、感知到人力资源措施是三个不同的概念。计划的人力资源措施实际上是指人力资源管理的内容，"计划—执行—感知"这一活动链条可以称之为人力资源管理的实施。

当组织的人力资源管理系统呈现高度独特性、一致性和共识性时，创造强势情境，在情境中员工对人力资源管理信息有清晰、一致、共同的理解，此时我们称之为人力资源管理强度高。因此从员工角度，人力资源管理强度反映了员工有效感知或理解人力资源管理的程度；从组织角度，它反映了组织的人力资源管理有效实施的能力。人力资源管理强度是从动态、作用过程的角度提出的概念。它关注的重点不在于组织所提出的人力资源管理制度、政策或措施，而是这些政策措施是如何在组织中执行的，更确切地说是员工如何对其进行感知的。

2. 维度

根据鲍恩和奥斯特洛夫（Bowen & Ostroff，2004）观点，人力资源管理强度包含独特性、一致性和共识性三个维度。

（1）独特性

独特性指的是允许人力资源管理措施在环境中突出进而吸引员工注意并激起兴趣的特征。它包括可视性、可理解性、权威合法性和相关性四项特征。

①可视性是指人力资源措施显著和易于观察的程度。例如，如果组织的绩效考核不公开、薪酬保密，这些不利于创造强情境。当人力资源管理系统包括了大范围的、可以影响大量员工的人力资源管理实践（如招聘、培训、考核、薪酬等）时，可视性就更高。因此，扩展人力资源管理实践的数量和范围，增加复杂性并使这些实践与其他刺激区分开，这些能够显著强化可视性。

②可理解性是指人力资源管理措施的内容缺乏模糊性并易于理解。刺激或情境的特征能够唤起认知类别（如模式、认知地图等），并将注意力吸引到某些特征而远离其他特性。不同的人可能使用不同的认知类别去注意信息的不同侧面，进而导致不同的归因。

该特征会影响到员工的认知图式，而后者会影响到员工对人力资源管理实践的归因。信息越容易识别，越容易引起员工的关注（Pereira et al，2012）。例如，对于人力资源管理实践如员工援助计划、员工继任计划、薪酬计划等的运作过程，员工必须要了解，否则员工很容易产生多重不同的解释或误解，不利于在员工之间就组织期望行为、目标等形成共识。

③权威合法性。合法权威使个体将服从绩效预期作为一种正式认可的行为，即权威容易促使个体愿意服从组织协作系统的要求。合法权威的影响本质上是一个知觉过程，即一个认为自己的角色的行为需求服从另一个突出的合法权威（Kelman et al，1989）。例如，当人力资源管理活动被员工知觉为高地位、高信用的活动时，这个人力资源管理系统就会被感知为高权威的。当人力资源管理在组织拥有重要和可见的高管支持，或者对人力资源管理进行投入，或者人力资源管理负责人升到高管的位置时，上述情形最可能发生。因此，高管支持包括高管相信人员的重要性、对人力资源肯投入及让人力资源管理专家参与组织战略规划等，能够极大地促进权威合法性。

④相关性是指使员工感知到人力资源措施与其自身重要目标相关的程度。如果员工觉察到人力资源管理创造的情境是与他们的重要目标相关的，清晰的、适合目标达成的、被期望的动机及行为就会随之产生（Kelman et al，1989）。如果人力资源部门不知道员工所关心的问题，从而将员工不感兴趣信息传达给他们，员工也不会关注（Bomans，2013）。同时对个人和组织目标的考虑——以人力资源管理内容为形式的期望的战略目标，是重要的。个人和组织目标的一致已经被证实对个人的态度和行为，对组织的有效运行具有重要的影响（Vancouver et al，1991）。因此，人力资源管理必须能使员工朝着既允许他们实现自己的需要，同时也有利于组织实现其目标的方向工作。

（2）一致性

一致性是指人力资源管理措施可信赖的、内部一致的执行，并且建立跨越时间、人员及背景的一致关联（Bowen et al，2004）。人力资源管理各项措施及其实施具有内在统一性，能够向员工传达系统的、充分的信息，使员工对什么样的行为是被期望和被奖励的作出准确的归因，进一步强化期望的特定行为被表现出来的可能性。如果人力资源管理措施之间存在冲突、矛盾，员工很可能产生角色模糊、混淆乃至冲突，阻碍个体及组织绩效的实现（唐贵瑶等，2013）。具体而言，一致性涵盖工具性、有效性和人力资源管理信息一致性三个特征。

①工具性是指在人力资源管理所期望的行为和相关员工的结果之间建立一个清晰的感知上的因果关系。它确保了有足够的激励与被期望的行为模式的绩效相联系。当行为和结果被适时地紧密联系在一起时，或当它们被一贯地实行时，员工更可能感知到工具性。具体来说，人力资源管理要使员工明确"行为—绩效—奖惩"之间的关联。例如，组织在员工表现出期望行为后及时、公开地给予加薪、休假等奖励性反应。

②有效性指的是在归因时提供给信息接受者准确、有用的信息，使个体正确推断。具体而言，人力资源管理实践所宣称的与实际所做的尽量要一致。当一项人力资源管理活动被宣传具有特定效果，但实际上组织并没有做到位时，传达给员工的信息就会是冲突的，员工就只能发展自己独特的解释，可能会曲解人力资源管理活动（唐贵瑶等，2013）。

③人力资源管理信息一致性是指人力资源管理需要传达出兼容性和稳定性的信息。有可信的证据表明，在组织中员工期望获得一致性的信息（Kelley，1973；Siehl，1985）。当个体面对的重要交流包含两个相互独立的信息时，"双重约束"沟通便会发生。在"双重约束"沟通中，信息一致性的缺失会导致特别强烈的认知失调，带来很严重的后果（Siehl，1985）。例如，管理者提倡勇于承担风险的价值观，但员工可能会从绩效考核和奖励系统推断组织在鼓励追求稳定，此时员工就会无所适从。

（3）共识性

当关于事件—结果关联在员工（人力资源管理系统的影响目标）中达成一致时，共识性就出现了。当共识性出现时，对什么行为和响应导致什么后果的更准确的归因更有可能发生（Kelley，1973）。信息传播者之间的一致性促进了人力资源管理系统的共识性（Fiske et al，1991）以及人力资源管理系统的公平，而这反过来也影响到共识性。共识性包括主要人力资源管理决策制定者之间的共识，以及人力资源管理系统的公平。

①主要人力资源管理决策制定者之间的共识。顾名思义，它是指组织的主要决策者（如高管、人力资源总监）对人力资源管理的认知保持一致性的程度。当个体认为信息传播者关于信息存在高度一致时，他们也更可能形成共识性（Fiske et al，1991）。高层决策制定者之间达成共识能帮助促进员工

间更大的共识，因为其允许将更可视的、相关的和一致的信息传达给员工。

②人力资源管理系统的公平是员工关于人力资源管理是否遵循分配公平、程序公平和交互公平的综合感知（Bowen et al，1999）。研究指出，知觉到的人力资源管理的公平影响积极的人力资源管理活动如何被考虑，以及人力资源管理系统影响员工态度及行为的能力。人力资源管理公平的感知与人力资源管理实践被员工接受之间存在正向关系（Waldman et al，1998）。员工对在情境中采用的分配规则公平与否的感知将会影响员工之间关于事件—结果关系的知觉共识性。那些增加员工对程序和交互公平感知的管理实践可以为这些分配规则提供透明度（Bowen et al，1999），同时，这样做可以增加人力资源管理系统被视为在事件—结果关系中存在共识性的可能性。

综上，鲍恩和奥斯特洛夫（Bowen & Ostroff，2004）在归纳和分析前人的相关研究基础上，对人力资源管理强度这一概念进行了最为系统的阐述（见图 2 - 1）。

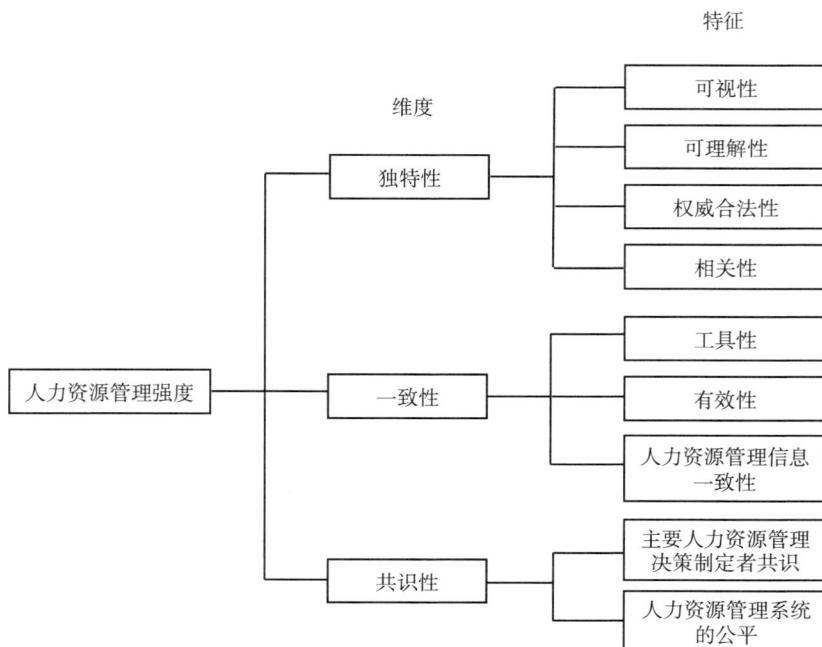

图 2 - 1 人力资源管理强度的构成维度

鲍恩和奥斯特洛夫（Bowen & Ostroff，2004）指出，一致性与共识性有区别但又相互关联。当组织中员工经历人力资源管理实践的一致性时，共识性则更可能被强化。同时，当信息的传播者不能在预期的信息上达成共识时，一致性就会受到阻碍。独特性帮助人们将注意力吸引至信息和沟通者，因此增加了人力资源管理信息在员工中被一致编码和解释的可能性。他们认为，独特性是影响情境强度的决定性因素（the last word）。桑德斯等（Sanders et al，2008）、李晓蓓等（Li et al，2011）研究显示，独特性和共识性之间强相关，但他们还是作为两个单独的变量进行研究。戈麦斯等（Gomes et al，2010）认为，学者们对三个维度的相关关系不够重视。他们通过专门量表对这三者之间的关系进行了验证，研究结果表明：独特性中的由于可视性与可理解性之间过于相似，因此将两者区分开来比较困难；虽然数据显示权威合法性和相关性相互独立，但是两者具有共同的基础。一致性和共识性内部各特征高度相关，难以区分，因此，二者都是单维度结构。一致性和共识性之间强相关，而且二者对独特性有显著影响，一致性的影响更大。博曼斯（Bomans，2013）发现，独特性与共识性有显著的交互作用。因此，人力资源管理强度三个维度之间不是完全相互独立的，相关性的确存在。

3. 维度划分与测量

由于人力资源管理强度在概念界定及理论发展方面还没有完全成熟，作为研制测量工具的基础，它制约了人力资源管理强度相关实证研究的开展，尤其是成熟量表的开发及应用。目前，国内外学者通过量表直接测定、间接数据处理这两种方式进行人力资源管理强度研究。

查科等（Chacko et al，2011）依据鲍恩和奥斯特洛夫的理论进行了量表开发，给出24项题目（独特性12题、一致性6题、共识性6题）。在三大维度之下的元特征方面，与鲍恩等人的理论模型有所不同。下一步还需要通过验证性因子分析对其进行修正。

弗伦克尔等（Frenkel et al，2012）设计的人力资源管理强度量表，包含10个题目。Cronbach's alpha 系数为 0.86。量表只涉及独特性维度，内容设计比较粗糙，题项所涵盖的元特征也不全面，范围较窄；此外，在使用之前，也没有进行探索性因子分析，以剔除不良题项。

德尔莫特等（Delmotte et al，2012）基于鲍恩和奥斯特洛夫的理论模型，系统、科学地开发了目前为止涵盖全部维度、最为成熟的人力资源管理强度测量工具。德尔莫特等学者从人力资源管理强度所属维度及特征出发，将其直接操作化，设计了 31 题的量表（独特性 10 题、一致性 9 题、共识性 12 题）。人力资源管理强度量表及独特性、一致性、共识性分量表的 Cronbach's alpha 系数分别为 0.92、0.85、0.80、0.82，均在 0.70 以上，具有较好的信度。

戈麦斯等（Gomes et al，2010）依据鲍恩和奥斯特洛夫理论开发了 26 题量表。该研究样本量偏小，而且实证研究发现人力资源管理强度各维度及内部结构与鲍恩等人理论模型差距较大。

胡梅林娜 – 劳卡宁等（Hurmelinna – Laukkanen et al，2012）开发了 54 个题项，由人力资源经理依据鲍恩等人提出的 9 项元特征对绩效评价这一人力资源管理实践进行打分。Cronbach's alpha 系数在 0.90 以上。

此外，还有一类情况：在测量人力资源管理强度时，没有设计具体的量表，而是以数据处理的方式（如评分差的倒数或反向计分）间接反映。一些学者没有完全遵循鲍恩和奥斯特洛夫理论模型，为了自身的研究目的，只是针对人力资源管理强度的个别维度进行间接计算。

多伦博施等（Dorenbosch et al，2006）对鲍恩和奥斯特洛夫理论模型中的部分特征进行了测评。对于人力资源信息的共识性，通过直线经理和人力资源经理对 5 项承诺型人力资源实践的简单绝对偏差的平均分数的倒数来衡量；对于人力资源信息的合法性，采用了桑德斯等（Sanders et al，2004）开发的 10 题项量表，通过比较直线经理与人力资源经理对人力资源部门角色（操作、战略）的感知来衡量。

陈世哲等（Chen et al，2007）在测量人力资源管理强度时采用雇主、店长和员工之间对 17 项人力资源管理措施评分的差异绝对值，差异分值越大，人力资源管理强度越低，反之则越高。该方法主要测量了人力资源管理强度的共识性，没有考虑到另外两个维度；而且是间接测量。

桑德斯等（Sanders et al，2008）测量人力资源管理强度时，独特性是衡量员工对人力资源管理相关性及战略角色的感知：对相关性测评包括 7 题，如对于组织的绩效评价标准我是认同的等。而以直线经理在人力资源职能方面扮演的战略伙伴与变革代理人的角色认知来测量合法性。在测量时并没有涉及独特性中的可视性、可理解性。基于不同人力资源实践的内部匹配，一致性是通过人力资源实践评级的评分者内部一致情况来测量，并没有直接测量一致性所包含的工具性、人力资源管理信息一致性、有效性。共识性是指主要人力资源管理决策制定者之间一致的程度，即直线经理和人力资源经理之间就 10 项承诺型人力资源管理实践评分的偏差程度来衡量，没有考虑公平性。

格斯特等（Guest et al，2011）在测量 CEO 与人力资源经理对人力资源措施效力的共识性时，首先计算人力资源经理与 CEO 对 9 项人力资源措施效力的评价的绝对算术差异的均值，然后进行反向计分，以反映二者在人力资源措施效力上的共识程度。

综上，学者们主要基于鲍恩和奥斯特洛夫（Bowen & Ostroff，2004）理论模型开发量表，内容题项虽然各不相同，但多采用问卷形式，通过雇主、管理者（人力资源经理、直线经理）或者员工的主观报告来反映组织的人力资源管理强度。独特性的测量所开发的量表比较成熟，一致性、共识性多采用数据处理间接方法。间接方法只是对上述维度的近似测量，其准确程度不如直接用量表测量。由于三大维度及其内部各元特征之间的关系还处在相对模糊的认识中，因此在所开发的完整量表上学者们有不同作法。截止到目前，严格按照量表开发的步骤及鲍恩等人理论模型所开发出来的完整成熟量表是德尔莫特等（Delmotte et al，2012）所开发的量表。该量表开发后还没有进行实证应用，因此本研究拟采用此量表，在我国情境下进行应用、验证。

4. 前因变量

库尼亚等（Cunha et al，2004）指出：战略管理导向、创新作为战略因素二者正向影响人力资源管理强度。

斯坦顿等（Stanton et al，2010）通过案例研究探讨强势人力资源管理系统如何使人力资源管理信息被组织各层级理解、解释和使用。研究表明，CEO 能够提供人力资源的合法性、领导力和资源以创建一个独特的人力资源系统；能够培养高层管理团队就人力资源管理在组织内部达成共识。高级管理要在人员管理上给基层管理者提供培训和支持。只有这样，基层管理者才能将一致的人力资源信息传达给员工，员工才能感受到领导的支持，从而帮助组织实现战略目标。作者重点强调了管理者，尤其是高层管理者在人力资源管理强度方面的作用。

博斯尼尔斯等（Bos-Nehles et al，2012）创造了"人力资源管理图示"这一概念，它是指允许个体与环境相互作用的有组织的知识结构（Mathieu et al，2000）。透过它，员工对诸如人力资源管理等组织问题进行解释和阐述。据此，提出如下命题：人力资源管理图示在直线经理和员工之间的一致将提高人力资源管理强度。而人力资源管理图示之间的一致性程度取决于雇主与员工、主管与下属之间的关系。对于人力资源管理图示的一致性，主管与下属之间的关系比雇主与雇员之间的关系有更强的解释力。作者只是进行了逻辑推理，并没有进行实证检验。

凯塔琳娜法伦霍尔茨（Katharina Fahrenholz，2011）通过理论推演提出：主管与下属关系会影响到人力资源政策措施所传递的信息。以员工和主管之间密切互动为特征的高质量的上下级关系能够改善人力资源措施的可见性、可理解性和相关性。雇主与员工之间的关系通过在员工之间形成一个共同解释来影响人力资源措施的一致性。当员工在与雇主的关系中获得积极的体验时，这种关系能够改善人力资源措施的工具性、有效性。一般而言，员工的经验很可能会对独特性和一致性产生影响。因此，作者认为，主管与下属关系、雇主与员工关系、员工经验是人力资源管理强度的重要影响因素。

综上可知，人力资源管理强度影响因素的研究相对较少，缺乏相应的理论及实证依据，且集中在战略导向、人与组织关系（含领导行为）、员工个体经验等方面。

5. 结果变量

以往研究表明，人力资源管理强度对员工的工作态度、行为及绩效都有重要影响。

（1）工作态度及行为

人力资源管理强度对员工工作态度如情感承诺、工作满意度、人力资源满意度以及组织认同感具有正向影响，而与员工离职倾向、情绪衰竭等变量负相关。多伦博施等（Dorenbosch et al，2006）对 4 家荷兰医院 66 个部门

671 名员工多层次分析表明，人力资源经理和直线经理之间就人力资源实践（职业机会、评估标准）及人力资源角色取得的共识，与部门承诺强度正向相关。作者验证了鲍恩和奥斯特洛夫（Bowen & Ostroff，2004）理论中的人力资源管理决策者的共识性、人力资源信息的合法性这两个特征对部门层次员工组织承诺有积极影响。陈世哲等（Chen et al，2007）通过对中国台湾地区美发师和店长实证研究，发现：美发师和店长对人力资源管理实践感知越一致，员工对组织的情感承诺就越高，在此作者强调了人力资源管理实践能将有关规范、期望以清晰、直接方式传递给员工。人力资源管理实践与情感承诺之间的相关关系被人力资源管理强度正向调节。人力资源管理强度也与员工绩效正相关。该研究只验证了人力资源管理强度的共识性对员工情感承诺、工作绩效的影响，没有全面分析人力资源管理强度的作用。西希等（Nishii et al，2008）作了对比：两个积极的归因——人力资源管理实践是为了提高服务质量，还是为了提高员工幸福感；两个消极的归因——人力资源管理实践是为了降低成本，还是利用员工。结果发现，积极的归因与员工态度（情感承诺、满意度）正相关，而消极归因则呈负相关；组织层次员工承诺、满意度与组织层次的组织公民行为正相关。该实证研究支持了鲍恩和奥斯特洛夫（Bowen & Ostroff，2004）的理论，员工对人力资源管理实践归因会对其态度、行为产生重要影响。桑德斯等（Sanders et al，2008）调查了671 名员工、67 位直线经理和 32 位人力资源管理顾问，检验了鲍恩和奥斯特洛夫（Bowen & Ostroff，2004）理论模型的主要维度（独特性、一致性和共识性）与情感承诺之间的关系，发现：独特性（相关性、权威合法性）、一致性与员工对组织的情感承诺正相关；共识性与情感承诺没有关系。氛围强度在一致性与情感承诺之间起正向调节作用。卡德尔（Qadeer，2010）指出，人力资源管理强度正向影响人力资源满意度，进而影响工作满意度，最终影响组织承诺。博曼斯（Bomans，2013）以荷兰某公司 76 位直线经理、31 位人力资源经理、3170 位员工为研究对象，检验人力资源管理强度三个维度之间关系及其与员工情感承诺之间的关系。结果表明，三个维度分别对情感承诺有直接、独立地影响。三个维度之间也存在相关关系，并且就预测员工情感承诺而言，三维度交互作用模型比直接模型有更大地解释力。李敏等人（2011）以我国两家劳动密集型企业的 364 名员工为样本，探讨了人力资源管理强度对员工工作态度的影响。实证结果显示：人力资源管理强度显著正向影响工作满意度和组织认同感；主管支持感分别中介于人力资源管理强度与工作满意度、组织认同感之间的关系。

维尼亚等（Vigna et al，2011）以比利时、荷兰 13 家中小型企业 532 名员工为研究对象，探讨人力资源管理强度、工作满意度、离职倾向之间的关系。结果显示：一致性和共识性负面影响离职倾向。此外，当独特性较低，一致性对于预测离职倾向很重要。例如，当员工不理解人力资源管理实践（低独特性）时，员工觉得人力资源管理不能帮助组织实现其目标（低一致性），他们会有更高的离职倾向；此时，员工如果看到人力资源部门所带来的价值（高一致性），他们报告的离职倾向相对前者较低。同时引入一致性和共识性到模型，没有发现独特性对离职倾向的影响。李晓蓓等（Li et al，2011）以我国 3 家酒店 810 名员工为对象，探讨人力资源管理强度、组织氛围与员工工作态度之间的关系。研究表明，独特性与员工工作满意度正相关，与离职倾向负相关；一致性与离职倾向正相关。组织氛围强度强化了共识性与工作满意度之间的正相关关系、共识性与离职倾向之间的负相关关系。弗伦克尔等（Frenkel et al，2012）调研发现：强势人力资源管理系统能够促进员工感知到组织的分配公平、程序公平及交互公平，因此不会导致情绪耗竭或负面情绪；而人力资源管理强度不高时，员工很容易产生不公平感以及不良的工作情绪。因此，人力资源管理强度通过员工组织公平感知对情绪耗竭产生影响。

此外，人力资源管理强度也会对员工工作行为产生积极影响。里贝罗等（Ribeiro et al，2011）对葡萄牙电信公司实证研究，发现：人力资源管理强度直接作用于工作即兴行为；文化在二者关系中起强中介作用。玛特等（Maat et al，2011）以 4 个组织 356 名员工为对象进行了实验及田野研究，探讨独特性是否影响基于承诺的管理与员工创新行为之间的关系。结果显示，在实验研究中基于承诺管理与创新行为呈正相关，独特性直接影响创新行为。加藤（Katou，2013）通过对希腊员工研究，指出：整合的人力资源管理系统（内容、过程和氛围）通过组织公平和组织信任的中介作用对员工反应（动机、承诺、工作投入、组织公民行为）产生影响。

除了直接作用以外，人力资源管理强度作为调节变量，对一些变量之间的关系有影响。德费特等（De Feyter et al，2011）实证探讨了员工感知到的人力资源管理强度（合法性、程序公平和工具性）是否调节组织变革对工作满意度和离职倾向的影响。他们发现，组织变革通过变革评价有条件地间接对工作满意度和离职倾向产生影响。合法性和程序公平调节这种关系，缓解了组织变革的负面影响。布沃伊斯（Bouwhuis，2011）解释了共识性如何影响基于承诺的管理和知识共享之间的关系。实证研究表明，人力资源决策者之间的共识正向调节基于承诺管理和知识共享之间的关系。里特（Riet，2011）以荷兰、德国 639 名员工为对象，研究情感承诺和创新行为能否被人力资源实践满意度和独特性所解释。数据分析结果表明，人力资源实践满意度与情感承诺、创新行为相关；独特性调节人力资源满意度与情感承诺、创新行为之间的关系。李晓蓓等（Li et al，2012）通过对我国酒店 54 名管理者、298 名员工调查，发现领导成员交换通过工作投入与员工绩效正相关，人力资源管理的一致性增强领导成员交换与工作投入的关系。贝德纳尔等（Bednall et al，2014）通过对荷兰员工跟踪研究发现，绩效考核质量能够积极促进员工参与非正式学习活动：反思日常活动、与同事分享知识和创新行为；人力资源管理强度正向调节上述关系。

李晓蓓（Li，2010）发现，一致性、共识性部分调节了员工感知到的人力资源实践（培训、参与、工作安全）与组织氛围水平之间的关系。汪晓媛（2012）指出：战略人力资源管理特征（独特性、一致性、共识性）与战略人力资源管理氛围正相关，战略人力资源管理实践与员工信任、知识共享之间的关系被人力资源管理氛围正向调节。

（2）组织绩效

丽塔等（Rita et al，2004）大样本检验表明，人力资源管理强度显著正向影响组织绩效、创新绩效。希尔吉等（Khilji et al，2006）通过对比人力资源部门内部及外部的经理及普通员工的描述，发现执行的人力资源管理与预期的人力资源管理之间有很大地区别。而始终如一地执行人力资源管理能提高员工的人力资源满意度，后者与组织绩效正相关。佩雷拉等（Pereira et al，2012）研究指出：人力资源管理强度直接与组织绩效正相关，同时通过氛围强度间接地与组织绩效相关。库芒等（Coumans et al，2012）对 89 家芬兰公司调查发现：人力资源管理强度直接或间接地（通过创新）与财务绩效正相关。

通过上述分析，我们发现，人力资源管理强度结果变量研究主要集中在员工态度（情感承诺、工作满意度、离职倾向等）、工作行为（创新行为、工作即兴行为）、组织/财务绩效三大方面。

在人力资源管理强度对绩效、工作行为作用方面，研究相对较少，一般认为它可以直接或间接地对工作行为、绩效产生积极影响，当然也有质疑的声音。原因可能在于，学者们将人力资源管理强度作为整体概念使用，没有区分三个维度；而且在测量时并没有严格按照鲍恩和奥斯特洛夫（Bowen & Ostroff, 2004）的理论模型，研究所涉及样本数量也相对较少。学者们一般都认为人力资源管理强度通过员工态度及行为影响组织绩效。因此，以研究人力资源管理强度间接作用的居多。未来对于其与工作行为、组织绩效的关系还需要做进一步验证。

在人力资源管理强度对员工态度影响上，研究相对较多，成果比较丰富。可以归结为两类：调节作用、直接作用。鲍恩和奥斯特洛夫（Bowen & Ostroff, 2004）理论认为，人力资源管理强度通过强情境影响员工感知，进而对员工态度或行为产生影响，而组织氛围一般公认是起调节作用的，因此大多数学者通过收集数据来检验人力资源管理强度三维度对员工态度的调节作用。在员工态度变量研究方面，人力资源管理强度的调节作用居于重要地位。此外，人力资源管理强度也能直接影响员工工作态度。由于样本选取、测量方法等方面的不一致，致使研究结论也不统一，有些甚至相互矛盾。目前实证检验的结果表明人力资源管理强度整体或部分维度对于员工情感承诺、工作满意度、组织认同有积极作用，与离职倾向、情绪衰竭负相关。在人力资源管理强度与工作态度关系上，虽然探讨了一些态度变量如情感承诺、工作满意度、离职倾向等，但是研究所涉及的范围仍然比较狭窄，员工敬业度这一重要变量就没有涉及。

2.2.2 组织支持感

1. 概念界定

组织支持理论及组织支持感（perceived organizational support, POS）概念

起源于组织对员工的承诺（organization's commitment to employee）。组织支持感是指员工形成的关于组织重视他们贡献以及关心他们福祉的程度的整体评价（Eisenberger et al，1986）。组织支持理论假设员工将组织拟人化，推测组织重视他们的贡献和关心他们福祉的程度，并以增加承诺、忠诚和绩效来回报这些支持。当员工从组织获得这样好处，如认可和尊重、薪酬和晋升、获得信息和更好地开展工作所需要的其他形式帮助，在作为员工—雇主关系基础的互惠规范作用下，员工产生帮助组织的义务感，并以出勤、绩效回报组织。

组织支持感反映了员工对组织如何对待自己的主观感知，员工从拟人化组织的态度及行为分析组织的意图，进而决定自己如何处理与组织的关系，并表现出一定的工作态度及行为。以互惠规范为基础，组织支持感使员工产生关心组织的幸福和帮助组织实现其目标的义务感。组织支持感蕴含的关怀、认可及尊重能够满足员工的社会情感需求，使员工将组织成员资格和角色地位纳入其社会身份，即组织身份认同。此外，组织支持感还会强化员工的信念——组织认可并奖励提高的绩效（即绩效奖励的预期），导致员工产生积极的情绪，增加工作满意度和情感承诺，减少离职，提高组织绩效。

2. 维度划分与测量

艾森伯格等（Eisenberger et al，1986）首次开发了36个题项的组织支持感量表。数据分析显示，组织支持感是单维度结构，该量表具有良好的信度（Cronbach's alpha 系数为 0.97）。该量表的应用非常广泛。鉴于原量表题目较多，在不同研究中出现了一些减少题目数量的缩简版本，分别包含16个或8个题目。

对于组织支持感的维度划分，麦克米林（McMillin，1997）以服务人员为研究对象从新的角度进行了实证探索。他认为艾森伯格等（Eisenberger et al，1986）所提出的组织支持主要可以归结为尊重及亲密支持。在实践中还有一大类支持被他们忽视了，即工具性支持——员工完成工作所必需的信息、培训、工具及设备等。因此，他对艾森伯格等（Eisenberger et al，1986）的研究进行了补充，提出组织支持感应该包括社会情感性支持和工具性支持两大部分，并开发出15条款的测量问卷。

本特纳维因（Bhanthumnavin，2003）把组织支持感分为情感性支持（如接纳、关心与重视）、讯息性支持（如与工作有关的知识或者技能的建议、辅导）及其物质性支持（如与工作有关的资源、预算和其他准备等）三个维度。克雷默等（Kraimer et al，2004）在对组织外派员工所需面对的适应性需要的研究中，把组织支持分成适应性支持、生涯性支持及财务性支持三个维度。

凌文轻等（2006）发现，我国员工的组织支持感包括员工价值认同、工作支持与关心利益 3 个维度，共 24 个题项，信度为 0.87。陈志霞（2006）对知识员工的组织支持感进行研究，发现：知识员工的组织支持感可以从四个层面来分析，即狭义、相对狭义、相对广义和广义，并分别开发了相应量表（见表 2 - 1）。

表 2 - 1　　　　　　　　　　广义和狭义的组织支持感及其心理结构

组织支持感	维度	具体维度
狭义	一维	情感性支持
相对狭义	二维	情感性支持和工具性支持
相对广义	四维	情感性支持、工具性支持、上级支持和同事支持
广义	九维	情感性支持、工具性支持、发展性支持、人际支持、重视和重用、福利和工作保障、组织公正、宽容体谅、工作意义和挑战性

资料来源：陈志霞．知识员工组织支持感对工作绩效和离职倾向的影响［D］．华中科技大学，2006。

国内外学者多数把组织支持感看成多维概念，但究竟包含哪些维度，尚无一致性结论。之所以出现上述情况，是由于学者们从支持来源、支持性质、支持内容等不同角度对组织支持感进行分析，导致其维度划分的混乱。艾森伯格等（Eisenberger et al，1986）的单维度观点是组织支持感多维度观点产生和发展的基础。

根据以上对组织支持感的维度与测量相关文献的梳理，可以发现，对于该问题学者们还没有统一结论。较多维度的分类由于分类依据不统一难以避免出现交叉重叠。就支持来源这一分类方式而言，组织支持感可分为组织支持、主管支持和同事支持三个维度。宝贡敏等（2011）运用莱文森（Levinson，1965）组织拟人化观点，认为感知主管支持应属于感知组织支持的主要内容之一。因此，这种划分是存在内容重复。综上，多维观分类太多太细，依据也不统一，难免会交叉重复；单维观在国外研究中较常见，国内学者基本认同多维观概念，而且单维观划分有些太粗糙，也不符合我国实际情况。因此，本研究从支持性质出发，将组织支持感划分为情感性支持和工具性支持两类，即采用麦克米林（McMillin，1997）的二维结构模型。

3. 前因变量

影响组织支持感的前因变量众多，可以归纳为组织因素、个体因素、组织或组织代理人与员工关系三大类。其中，组织因素包括组织公平、工作条件、组织政治活动、组织规模等内容；个体因素涉及价值观、正面/负面情感、录用前经历、工作状态等变量。组织或组织代理人与员工关系包括心理契约、人与组织匹配、领导成员交换、特定文化因素（如照顾弱势员工、关心员工家庭）、管理者领导风格等变量。库尔特西斯等（Kurtessis et al，2015）元分析表明，预测组织支持感的前因变量主要包括领导、员工—组织情境、人力资源管理和工作条件四大方面。

（1）组织因素

肖尔等（Shore et al，1995）指出，认可员工贡献的人力资源实践与组织支持感正相关。罗兹等（Rhoades et al，2002）通过元分析发现，公平、主管支持、组织回报和良好的工作条件与组织支持感相关。其中，回报及工作条件包括认可、工资、晋升、工作保障、自主性、角色压力、培训。韦恩等（Wayne et al，2002）研究的结果表明，组织公平、管理者的包容和认可与组织支持感相关。艾伦等（Allen et al，2003）纵向研究表明，支持性人力资源实践（参与决策、奖励公平、发展机会）有助于组织支持感的发展。艾哈迈德等（Ahmed et al，2015）元分析揭示，组织支持感在很大程度上受公平、成长机会、主管支持、同事支持影响。

艾伦等（Allen et al，2008）研究发现，职业辅导、绩效工资对 IT 员工的组织支持感有正向影响。加尼等（Ghani et al，2009）指出，信任、获取信息、学习和发展的机会和感知到组织支持显著正相关。信任是最有效的组织支持预测变量。德克宁克（DeConinck，2010）认为分配公平是组织支持感的前因变量。道利等（Dawley et al，2010）证实，主管支持感是组织支持感的预测变量。凌文辁等（2006）指出，程序公平影响组织支持感的形成。张燕等（Zhang et al，2012）研究结果表明，与西方背景下研究结果相比，中国情境下组织支持感的前因变量包括一些常见的影响因素（如程序公平和主管支持）以及特定文化的因素（如照顾弱势员工和关心员工家庭）。

而角色压力（包括角色超载、角色模糊、角色冲突）（Rhoades et al，2002；Allen et al，2008）、组织政治活动（Hochwarter et al，2003；Eisenberger et al，2011）、组织规模（Rhoades et al，2002）对组织支持感有负面影响。

（2）个体因素

罗兹等（Rhoades et al，2002）元分析表明，正面情感、负面情感与组织支持感密切相关，负面情感与组织支持感呈负相关关系。廖辉等（Liao et al，2010）发现，民族、宜人性及开放性负向预测组织支持感；组织支持感部分中介宜人性与组织越轨行为之间关系。春辉等（Hui et al，2007）研究表明，员工的传统价值观、积极情感与组织支持感显著相关。瓦特等（Watt et al，2010）发现，有厌倦倾向的工人感知不到组织对他们的支持。艾森伯格等（Eisenberger et al，2011）提出，组织支持感的前因变量包括录用前经历、工作状态和员工特点等。此外，罗兹等（Rhoades et al，2002）也证实，人口统计变量中的性别、年龄、教育程度和任期对组织支持感影响很小。

（3）组织或组织代理人与员工关系

斯拉斯等（Sluss et al，2008）证明，领导成员交换关系与下属组织支持感正相关。扎根济克等（Zagenczyk et al，2010）认为，同事会直接（通过有凝聚力的友谊和建言联系）和间接（通过在建言和友谊网络结构中位置）影响员工的组织支持感。艾森伯格等（Eisenberger et al，2011）指出，管理者领导风格、管理沟通、组织内部社会网络与组织支持感有密切的关系。舒斯等（Shoss et al，2013）证明，辱虐管理导致员工较低的组织支持感，进而会报复组织。

科伊尔－夏皮罗等（Coyle－Shapiro et al，2005）将组织支持感与心理契约履行进行了区分，并发现员工感知到雇主诱因与组织支持感正相关。凯维茨等人（Kiewitz et al，2009）纵向研究表明，当员工感知到心理契约违背时

（即组织未能履行义务，员工相信他们被拖欠了），员工会认为组织应该为心理契约违背负责，从而产生较低的组织支持感。马利特（Mallette，2011）发现，关系型心理契约与护士组织支持感正相关，而交易型心理契约与组织支持感负相关。谭小宏（2012）实证研究表明，个人与组织价值观匹配对员工的组织支持感具有显著的正向预测作用。

4. 结果变量

文献汇总分析显示，组织支持感的结果变量可以分为工作态度、工作行为及组织绩效三大类要素。其中，态度相关变量包括情感承诺、工作满意度、积极情绪、组织信任以及留（离）职意愿等；行为相关变量包括角色内（外）行为、离职行为及退缩行为；组织绩效则包括关系绩效、任务绩效及团队潜能等。艾哈迈德等（Ahmed et al，2015）元分析显示，组织支持感显著影响员工敬业度、工作满意度和组织承诺；对组织公民行为和离职意向的影响是中等程度的。

（1）态度相关变量

学者们通过实证研究发现，组织支持感对组织承诺（Wayne et al，2002；吴继红，2006）、情感承诺（Rhoades et al，2002；凌文辁等，2006；Lee et al，2011）、工作满意度（Rhoades et al，2002；Stamper et al，2003；McCarthy et al，2013）、留任意愿（Rhoades et al，2002；Stamper et al，2003；Lee et al，2011）有正向影响。组织支持感还与员工积极情绪（Rhoades et al，2002）、组织信任（Chen et al，2005）、基于组织的自尊（Chen et al，2005）、组织认同（Edwards et al，2009；傅升等，2010；王震等，2011，He et al，2014）呈正相关关系。

此外，组织支持感还能够有效降低员工的离职倾向（Rhoades et al，2002；Hui et al，2007；Riggle et al，2009；Dawley et al，2010；McCarthy et al，2013；Joo et al，2015），缓解角色压力（如角色模糊及冲突）（Rhoades et al，2002；Stamper et al，2003；McCarthy et al，2013），减弱工作倦怠感（Rhoades et al，2002）。卡拉特佩（Karatepe，2015）纵向分析显示，从组织中得到了充分支持的一线员工，其积极情感、内在动机和自我效能都是很高的。相应地，这样的员工会体验到较低的情绪衰竭和离职意向，并表现出高水平的角色外客户服务行为。

综上，组织支持感能够促进员工组织承诺、情感承诺，提升员工工作满意度，提高员工对组织信任及认同，促使员工产生积极情感。组织支持感还能提高员工的留任意愿，缓解员工的角色压力（如角色模糊、冲突），降低员工离职倾向，减少员工的工作倦怠（情绪衰竭、玩世不恭）。

（2）行为相关变量

组织支持感对员工角色外绩效、组织公民行为等具有积极的正面影响，同时能够减少员工消极行为，如离职行为、反生产行为、退缩行为（消极怠工、迟到、缺勤）等。

韦恩等（Wayne et al，2002）指出，组织支持感与组织公民行为相关。陈振雄等（Chen et al，2005）、科伊尔－夏皮罗等（Coyle－Shapiro et al，2005）证明，组织支持感能有效预测组织公民行为。皮尔斯等（Piercy et al，2006）以销售人员为例，研究显示：组织支持感对组织公民行为有强烈地影响。李等（Lee et al，2011）研究表明，组织支持感能够预测个人导向的组织公民行为。范尼彭伯格等（van Knippenberg et al，2015）实证指出，集体主义调节组织支持感与组织公民行为之间的关系。伯内特等（Burnett et al，2015）实证发现，员工组织支持感和负责行为之间存在倒"U"形关系，而且当员工预期到与负责行为相关费用时，这种曲线关系会被加强。

罗兹等（Rhoades et al，2002）元分析表明，组织支持感与指向组织的角色外绩效中等程度相关。陈志霞（Chen，2009）纵向研究证实，组织支持感导致了角色外绩效。

罗兹等（Rhoades et al，2002）揭示，组织支持感会出现有利于组织的结果（如改善绩效，并减少退缩行为）。艾伦等（Allen et al，2003）发现组织支持感与员工退缩行为负相关；埃德等（Eder et al，2008）研究表明，高组织支持能够有效降低工作团队及个人的退缩行为。舒斯等（Shoss et al，2013）发现，较低的组织支持感会促进员工反生产行为，降低角色内绩效和角色外绩效。库尔特西斯等（Kurtessis et al，2015）元分析表明，组织支持感的后果变量主要包括员工服务于组织及工作、员工绩效和幸福。

凌文辁等（2006）发现，组织支持感对利他行为具有积极的影响作用。吴继红（2006）验证了员工组织支持感对他们的任务绩效、组织公民行为有正向的影响。魏江茹（2010）研究表明，我国高科技企业知识型员工组织支持感与组织公民行为显著正相关。

克雷默等（Kraimer et al，2004）实证研究显示，组织支持感能够对员工任务绩效、关系绩效产生积极影响。沈伊默等（Shen et al，2014）证实组织支持感能够直接作用于离职倾向、工作绩效及指向组织的组织公民行为。纪晓丽等（2008）的研究表明组织支持感对工作绩效有显著性影响。艾森伯格等（Eisenberger et al，2011）认为组织支持感的积极行为结果有助于组织实现目标，这些积极行为结果包括减少退缩行为和职场越轨行为，创造力和创新，更多的安全相关活动，更易接受信息技术，增强顾客服务。

（3）组织支持感作为中介变量

组织支持感还常被作为一些变量间的中介变量使用，这已经成为组织支持感研究的一个重点。

德克宁克（DeConinck，2010）认为组织支持感是程序公平与组织信任之间的中介变量。互动公平直接和间接（通过主管支持感）预测管理信任。分配公平直接、间接（通过主管支持感）与组织信任相关。张（Cheung，2013）指出，组织支持感中介于人际公平、信息公平与组织公民行为之间的关系。

艾伦等（Allen et al，2003）发现，组织支持感中介于支持性人力资源实践（参与决策、奖励公平、发展机会）与组织承诺、工作满意度、员工退缩行为之间的关系。爱德华兹等（Edwards et al，2009）纵向研究显示，人力资源实践（进步机会、公开交流、程序公平、果断行动）直接或间接（通过组织支持感）影响组织认同。加维诺等（Gavino et al，2012）研究表明，组织支持感在自由型人力资源实践（绩效管理、决策参与、参与招聘、晋升机会）与顾客承诺、组织公民行为之间存在中介作用。卡拉特佩（Karatepe，2015）指出，组织支持感在高绩效工作实践（培训、授权、回报）与情感承诺之间的关系中起部分中介作用。

皮尔斯等（Piercy et al，2006）发现，组织支持感在销售经理管理控制与销售人员组织公民行为之间起着部分中介作用，而且间接作用要大于直接作用。春辉等（Hui et al，2007）指出，组织支持感在传统性、积极情感与离职倾向之间起中介作用，进而影响到工作绩效。哈里斯等（Harris et al，

2007）研究结果表明，组织支持感完全中介于组织政治知觉与工作满意度、薪酬满意度、职业紧张之间的关系，部分中介于组织政治知觉与离职倾向、角色冲突之间的关系。内维斯等（Neves et al，2012）采用交叉滞后面板数据进行分析，结果显示：组织支持感完全中介于管理沟通与角色内绩效、角色外绩效之间的关系。周等（Zhou et al，2014）发现，仆人领导通过组织支持感影响情感承诺。

扎根济克等（Zagenczyk et al，2011）跨期研究表明，组织支持中介于心理契约违背和组织认同之间的关系。不同时期的组织支持感在不同类型的心理契约与组织认同之间起的作用有所不同。纽曼等（Newman et al，2012）研究发现，组织内网络资源通过组织支持感对离职倾向产生影响。艾伦等（Allen et al，2013）纵向研究表明，组织支持感在社会化策略（内容、社会、环境）与组织承诺、自愿离职之间起中介作用。卡伦等（Cullen et al，2014）发现，组织支持感是员工适应性与感知到变化不确定性、员工满意度、绩效等结果变量的中介变量。

袁少锋等（2007）对知识型员工的实证检验显示，组织支持显著中介于良性压力源（任务及能力要求）与组织承诺、工作满意度、工作参与感等压力反应之间，并且能够明显减缓负性压力源（时间及人际冲突）与消极工作情绪之间的关系。蒋春燕（2007）实证表明，组织支持感在程序公平、分配公平与组织承诺、离职倾向之间起完全的中介作用。刘璞等（2008）分析结果证实了组织支持对组织公平与组织承诺关系的中介作用。傅升等（2010）研究结果发现：结果公平通过组织支持感来影响组织认同，互动公平通过主管支持感影响组织认同，程序公平通过组织支持感和主管支持感影响组织认同。曹慧等（2010）实证检验得出，组织支持在员工公平感和组织公民行为之间起中介作用。

宋利等（2006）研究发现，组织支持感是联系人力资源实践与组织承诺的中间变量。曹科岩等（2010）认为，组织支持感完全中介于人力资源管理实践与员工敬业度之间关系。王震等（2011）证明，人力资源管理实践对员工情感承诺和组织认同均有显著影响，组织支持感在其中起完全中介作用。王丽平等（2013）研究发现，组织支持感在心理距离负向影响知识共享行为中发挥了部分中介作用。

组织支持感主要是在组织公平、人力资源管理、一般管理行为（管理控制、沟通等）、社会化策略、个体变量等与员工态度及行为（如组织承诺、离职倾向、组织公民行为等）之间发挥完全或部分中介作用。实证研究表明，许多中介关系为完全中介，即通过形成的组织支持感对员工态度或行为产生影响。从前因及结果变量所涉及的领域来看，组织支持感作为一项重要的中介变量，已经被广泛地运用到许多管理领域中，它的影响力无论是在理论研究中，还是在管理实践中都是很重大的。组织支持感在许多管理领域中发挥着重要的中介作用。

5. 组织支持感研究述评

学者们从不同角度对组织支持感进行了理论探索及实证研究，取得了大量的研究成果。上述研究成果为本书提供了以下的启示：

（1）组织支持感的维度划分

关于组织支持感的维度划分，学者们持有单维观和多维观两类观点。艾森伯格等（Eisenberger et al，1986）提出的组织支持感的单维结构已经被国外学者在多项研究中证实，其所开发的量表也具有较高的内部一致性，被后续研究广泛采用。但是，也有学者依此基础从支持性质（工具性、情感性）、支持内容（工作、生活）以及支持来源（组织、主管和同事）视角出发提出了多维度结构的观点。国内学者在研究时多采用多维度的结构。多维观的不同划分视角之间存在一定程度的交叉重叠和遗漏，如情感性支持既可以包括与生活相关的情感性支持，也可以包括与工作相关的情感性支持，还可以进一步细化为不同来源的情感性支持。就支持来源而言，来自组织的支持已包含了来自主管和同事的支持。划分太多太细，由于角度的不统一，难免出现交叉重复。因此，笔者结合我国文化情境及研究需要，拟从支持性质出发，将组织支持感分为情感性支持和工具性支持两个维度。

（2）组织支持感的前因变量

人力资源管理是组织支持感前因变量研究中非常重要的一类因素。组织支持感前因变量的总结归纳显示，组织因素中有相当大的内容是关于人力资源管理政策措施的，如组织奖励、认可、工资、晋升、工作保障、培训、职业机会、决策参与、成长机会等。人力资源管理措施能够体现出员工的贡献，反映组织对员工价值的判断，因此它会直接影响员工的组织支持感。人力资源管理措施在前因变量研究中占有重要地位。

但是学者们在研究虽然看到了人力资源管理措施在其中的重要作用，却忽略了计划或设计的人力资源管理措施与实际执行的、员工感知到的人力资源管理措施之间是有区别的。无论多么完美的人力资源管理措施如果不能被员工真切感知到，它就不会起到相应的作用，甚至会引发负面的结果。因此，人力资源管理措施实施过程是更加关键的。人力资源管理强度，从人力资源管理实施出发，反映员工对人力资源管理措施的主观感知情况，它可能是影响员工组织支持感的非常重要的一个因素。而在实践中这方面的研究是缺乏的。因此，本研究拟从人力资源管理强度角度探讨其与组织支持感之间关系。

（3）组织支持感作为中介变量

通过前面对组织支持感结果变量的综述，笔者发现：组织支持感结果变量的研究正在深化，早期简单考察组织支持感结果变量的研究已经大为减少，当前已经深入探讨组织支持感前因及结果变量的内在作用机理或过程，同时将其作为中介变量引入人力资源管理、组织行为学广阔领域中进行更加复杂、精细化的研究。沿时间线分析前人的研究成果可以明显看出这一趋势。组织支持感已经成为一个非常重要的中介变量，在组织行为学的许多领域如组织公平、人力资源管理、角色压力、心理契约、员工积极或消极态度及行为等中得到非常广泛的应用。

在组织支持感作为中介变量的研究中，"人力资源管理—组织支持感—员工态度及行为"这一逻辑过程得到了大量实证支撑。国内外多位学者（Allen et al，2003；Edwards et al，2009；Gavino et al，2012；宋利等，2006；曹科岩等，2010；王震等，2011）研究表明：人力资源管理措施通过组织支持感对员工态度及行为产生影响。上述学者是从组织所设计或计划实施的人力资源管理角度进行研究的，在测量时以人力资源经理或主管答题为主。对于人力资源管理系统有效实施情况，或者说员工感知到的人力资源管理，缺乏足够的关注。而这正是人力资源管理强度所强调的内容。综上，实践中缺乏从人力资源管理强度，即员工主观感知角度分析人力资源管理与组织支持感、员工态度及行为之间关系。因此，本研究拟构建"人力资源管理强度—组织支持感—员工态度及行为"这一作用过程，结合我国具体情境，以丰富组织支持感中介变量的相关研究。

2.2.3　员工敬业度

1. 概念界定

员工敬业度（employee engagement）在国外的研究中以员工敬业（employee engagement）和工作投入（work/job engagement）两种形式出现，统称敬业度。前者以盖洛普公司和学者卡恩（Kahn）为代表，而后者更多存在于工作倦怠领域的研究中，以肖菲利（Schaufeli）等为代表。

卡恩（Kahn，1990）将敬业度概念化为组织成员将身体、认知、情感的自我投入到工作角色中，并对他们的工作及经历产生影响。韦林斯等（Wellins et al，2005）认为敬业度是一种激励员工产生高绩效的无形力量，是承诺、忠诚、生产力和主人翁精神的混合。萨克斯（Saks，2006）从新的多维角度，将员工敬业度定义为"一个不同的、独特的概念，由认知、情感和行为等成分组成，与个人的角色绩效相关。"

梅西等（Macey et al，2008）试图"解决"概念混淆，提议将员工敬业度作为一个广泛的涵盖性术语，它包含不同类型的敬业（特征敬业、状态敬业、行为敬业），每一个都需要不同的概念化，如积极主动个性（特征敬业）、卷入（状态敬业）和组织公民行为（行为敬业）。纽曼等（Newman et al，2008）认为员工敬业度应该被直观地、谨慎地理解为某人对工作角色的行为供应，包括时间和精力。达拉勒等（Dalal et al，2008）认为，敬业是一个认知与情感概念，不是一个意向或行为概念。特质敬业和行为敬业指敬业的假定的意向上的前因变量和行为结果。萨克斯（Saks，2008）认为，敬业并不意味着员工做他角色之外事情，因此，适应性自由裁量行为、组织公民行为等角色外行为是敬业的结果，而不是敬业本身。

李奇（Rich，2010）认为敬业是个人认知、情感和体力的能量的积极地充分地表现。沙克等（Shuck et al，2010）定义员工敬业度为指向期望的组织结果的认知、情感和行为状态。贝克等（Bakker et al，2011）将敬业概括为一种积极的、高度觉醒的情感性状态，以精力、卷入为特征。

在工作倦怠研究中，马斯拉奇等（Maslach et al，2001）认为敬业是以精力、参与、效力为特征，与倦怠的三个维度直接相对应，分别位于同一个连续体的两端。肖菲利（Schaufeli，2002）将敬业定义为一种积极的、充实的、与工作相关的精神状态，以活力、奉献和专注为特征。敬业是指一种更持久的、普遍的情感认知状态，该状态并不专注于任何特定的对象、事件、个体或行为。敬业的员工表现出高强度的精力以及对工作的强烈的心理认同。肖菲利等（Schaufeli et al，2004）实证研究发现，倦怠与敬业并不在同一个基本维度上，倦怠的核心成分与敬业的构成因素完全不同，二者是两个不同的概念，但是具有负相关的关系。科尔等（Cole et al，2012）元分析指出，倦怠与敬业各维度之间高度相关；倦怠、敬业各维度展示出一种类似的相关模式；在分析时控制住倦怠，敬业的效度大量减小。因此，他对倦怠与敬业是功能独特的两个概念表示怀疑。

敬业度到底与倦怠是何关系？是同一个连续体的两端，还是相互独立的两个概念？冈萨雷斯–罗马等（González–Romá et al，2006）将对立的两极（情绪衰竭—活力、玩世不恭—奉献）扩展为两个不同的、潜在的双极维度（精力、认同）。德默罗蒂等（Demerouti et al，2010）研究发现，玩世不恭与奉献代表态度（也叫"认同"）连续体的两个对立端。情绪衰竭与活力作为精力维度的对立端没有得到支持，二者是独立的两个维度。高玩世不恭与低奉献相伴随，但高消耗、低活力不一定出现在一起。因此，目前实证检验显示一个折中的结果：玩世不恭与奉献存在于"态度（或认同）"连续体的两极；而情绪衰竭与活力是相互独立的两个概念。

综上所述，关于员工敬业度的概念有了一些共同的认识：第一，由多个定义可知，敬业开始于个人的工作体验，是一个典型的、不能强制或强迫的个体决策，它涉及个体员工，而不是组织（Kahn，1990；Macey et al，2008；Saks，2006；Shuck et al，2010）。员工敬业度是一种个人经验，与人的个人主义本质密不可分（Simpson，2009）。因此，它是个体层次的概念，不是群体层次的概念。

第二，员工敬业度是一种积极的、与工作相关的心理状态，包含认知、情感及行为成分，以精力、卷入为特征。敬业能够在情感、认知上体验到，能够在行为上显现。

第三，虽然敬业的员工有积极的工作行为表现，但是行为敬业并不是敬业本身，只是员工敬业度的结果变量（Saks，2008）。同样的，具有不同人格特质属性（如积极情感、责任心等）的员工更易表现出高水平的敬业度，但是这种特质敬业（Macey et al，2008），作为敬业度的前因变量得到大多数学者的认可（Dalal et al，2008；Saks，2008）。因此，员工敬业度是员工的一种心理状态，即状态敬业。

第四，倦怠与敬业的关系比较复杂，实证结果显示：倦怠与敬业在某些维度上（情绪衰竭－活力）是相互独立的，在某些维度上（玩世不恭－奉献）是同一连续体的对立的两端。因此，不能简单地用倦怠得分的相反模式来表示敬业度。为了更科学合理的研究敬业度，还需要对敬业度进行专门、独立的测量。

第五，员工敬业度是态度、行为复合概念。敬业度中的奉献、卷入等认知、情感成分反映了员工的态度，而活力、专注等维度部分体现出员工的体能投入，更偏重于个体行为，或者说通过员工行为得以展现出来。

到目前为止，对于敬业度概念的界定仍然存在很大的争议。这种概念上的不一致引起了敬业度测量工具选择、相关实证研究结论的分歧，甚至矛盾。

2. 维度划分与测量

部分学者追随马斯拉奇等（Maslach et al，1997，2008）方法，用 MBI（Maslach Burnout Inventory）量表评估精力（在情绪衰竭上低得分），卷入（在玩世不恭上低得分）和专业效能（在效能上高得分）。

另一种评估工作敬业度的工具是奥尔登堡倦怠量表（Oldenburg Burnout Inventory；Demerouti et al，2002）。该量表最初开发是用来评估倦怠的。由于包括积极的和消极的措辞项目，因此它也可以用来评估员工敬业度。由于敬业和倦怠是一个连续体的两个对立极，倦怠三种成分的相反得分就是员工敬业度（Maslach et al，2001）。该量表的信度和效度已经在德国、希腊、荷兰、美国和南非得到确认。这些研究的结果清楚地表明，活力和奉献（在一些研究中被称为情绪衰竭和不敬业）两因子结构比其他因素结构更能匹配样本数据。肖菲利等（Schaufeli et al，2001）指出，可以从行为和认知两个维度来区分敬业与倦怠，耗竭与活力相对立属于行为维度，玩世不恭和奉献相对立属于认知维度。他们认为活力和奉献是敬业度的核心维度。

最常用的测量敬业度的工具是乌得勒支工作投入量表（Utrecht Work Engagement Scale；schaufeli et al，2002，2009），其中包括三个分量表：活力、奉献和专注。UWES 已在多个国家得到验证，包括中国、日本、南非、芬兰、西班牙、瑞典、意大利、荷兰。验证性因素分析表明，虽然敬业三个维度之间高度相关，但是假设的三因子结构模型仍然优于其他替代模型（如单因子结构）。三个分量表的内部一致性在每个研究中都是充分的。肖菲利等（Schaufeli et al，2006）开发 UWES 9 - item 简化版本，并为其跨国的有效性提供证据。巴尔杜奇等（Balducci et al，2010）跨文化研究发现，UWES - 9 的三维结构在意大利和荷兰的样本都是不变的，信度、效度良好。张轶文等（2005）实证检验后指出，修订后的中文版 UWES 信度、效度较高，可为国内相关研究所采用。但是，在一些研究中未能重现员工敬业度的三维结构（Sonnentag，2003；Shimazu et al，2008）。

当然，虽然三维度划分为大多数学者在研究中使用，但也有其他的观点。贝克等（Bakker et al，2011）也承认，可能有额外的维度。肖菲利等（Schaufeli et al，2004，2006）提出扩大后敬业度因素（包括活力、奉献、专注和专业效能）。米尔斯等（Mills et al，2012）在某些样本中发现了——坚持不懈（perseverance）这一因素。埃克斯特雷梅拉等（Extremera et al，2012）指出第四个因子为个人成就（personal accomplishment）。但是上述四维度划分只是在少量研究中得到证实，没有被大多数学者所认可。

综上，员工敬业度包括活力（vigor）、奉献（dedication）两个维度已经得到学界的公认。至于第三个维度——专注（absorption）则仍然存在一定的争论。其中，活力是指具有高水平的精力和心理韧性，愿意努力工作，不容易疲劳，面对困难能够坚持；奉献指的是高度卷入工作，并伴随有热情和意义感、自豪感、灵感以及挑战感。两维度划分及测量工具 UWES 为大多数学者所认可，并在研究中广泛应用。因此本文拟采用两维度划分标准，并使用 UWES 作为测量敬业度的工具。

3. 前因变量

员工敬业度的前因变量总体上可以分为组织因素、个体因素两大类。组织因素主要集中在工作资源、工作要求、人力资源实践、领导、人与组织关系、沟通、公平等方面。贝利等（Bailey et al，2015）通过对 214 项研究所包含的叙述性证据进行系统性综合，提出敬业度前因变量的五组因素分别为：心理状态、工作设计、领导、组织和团队因素、组织干预。

工作要求—资源理论认为，工作资源和个人资源独立或一起预测员工敬业度。当高工作要求时，工作资源和个人资源对员工敬业度产生更加积极地影响。因此工作资源、工作要求是员工敬业度的非常重要的前因变量。工作资源能够减少工作要求对应变的影响，在实现工作目标上起作用，并刺激个人成长、学习和发展。肖菲利等（Schaufeli et al，2004）、贝克等（Bakker et al，2008）、桑托普卢等（Xanthopoulou et al，2009）认为，可用的工作资源是敬业的主要预测因素。辛布拉等（Simbula et al，2011）证实，工作资源对敬业度有短期（4 个月）、长期（8 个月）的滞后影响。康韦等（Conway et al，2015）根据工作要求—资源理论，以爱尔兰的公共部门为对象，研究结果表明：员工建言机制作为一项资源，可以提高员工敬业度、平衡绩效管理体系提出的要求，从而降低情绪耗竭的有害影响。

萨克斯（Saks，2006）将工作敬业与组织敬业进行了区分，认为组织支持感能够预测工作敬业和组织敬业。贝克等（Bakker et al，2007）指出，工作资源（主管支持、创新精神、组织氛围）与敬业度正相关。桑托普卢等（Xanthopoulou et al，2008）研究发现，同事支持对敬业度有独特的、积极的影响。肖菲利等（Schaufeli et al，2008）证明，工作控制、同事支持与敬业度各维度正相关。肖菲利等（Schaufeli et al，2009）实证指出，工作资源（社会支持、自主性、学习和发展机会、绩效反馈等）的增长预测第二期的敬业度的提升。德默罗蒂等（Demerouti et al，2010）证实，预测因子（如工作压力、自主性）与敬业中的奉献成分相关。克里斯蒂安等（Christian et al，2011）验证指出，自主性、社会支持与敬业度正相关；身体要求、工作条件与敬业度负相关。克内尔等（Kühnel et al，2012）指出，特定工作日资源（心理氛围、工作控制、早上恢复）能促进员工敬业度。布劳等（Brough et al，2013）在非西方情境（澳大利亚、中国香港）对工作要求—资源模型进行检验，证明工作资源（主管支持和同事支持）能够有效预测敬业度。比格斯等（Biggs et al，2014）实证检验后发现，敬业度与工作控制、战略匹配

（工作任务与组织优先）、同事支持之间存在纵向、相互关系。阿尔布雷克特（Albrecht，2015）证实高阶挑战性需求（工作量、信息加工、问题解决）与基本心理需求满足（成就、归属、自主、能力）正相关，高阶障碍性需求（角色模糊、角色冲突、情绪要求）与基本心理需求满足负相关，而基本心理需求满足与敬业度正相关。方达尔（Farndale，2015）研究结果表明，某些工作资源（财务回报、团队气氛、参与决策）积极影响三个国家（墨西哥、荷兰和美国）的员工敬业度。作者运用跨文化的理论解释了这些工作资源与敬业度之间的关系在强度上的差异。

除了工作资源及要求之外，人力资源管理也是一个重要的前因变量。萨克斯（Saks，2006）总结前人成果，提出报酬与认可是员工敬业度的前因变量。巴比尔等（Barbier et al，2013）指出，绩效预期与工作资源、个体资源都能对敬业度产生影响。巴尔等（Bal et al，2013）实证发现，发展型人力资源管理（developmental HRM）与个体敬业度正相关。伦哈尔等（Runhaar et al，2013）以教师为研究对象，数据显示人力资源管理与教师的活力、奉献正相关。唐尼等（Downey et al，2015）大样本研究结果表明，多样性实践与员工敬业度正相关，信任氛围在其中起中介作用。巴尔等（Bal et al，2015）基于工作适应理论和 AMO 理论，通过对 12 个国家员工研究表明，弹性人力资源管理的有效性与员工敬业度、工作绩效呈正相关关系，敬业度在人力资源管理与工作绩效之间起中介作用。阿拉加拉加等（Alagaraja et al，2015）通过对组织整合（organizational alignment）、敬业度文献分析，提出了一个探索性的概念模型。该模型阐述了组织整合与员工敬业度之间关系及其对个人绩效的影响。它强调了内在一致的人力资源管理措施在促进个人的技能、知识与工作特征、组织系统协调上的重要价值。

此外，领导、沟通、组织氛围、公平、目标一致等因素也会对敬业度产生影响。蒂姆斯等（Tims et al，2011）研究发现，日常的变革型领导与员工的日常敬业正相关。克里斯蒂安等（Christian et al，2011）证明，变革型领导、领导成员交换与敬业度正相关。阿加瓦尔等（Agarwal et al，2012）也发现，领导成员交换影响敬业。布雷瓦特等（Breevaart et al，2014）证实，变革型领导、有条件报酬与追随者每天的敬业正相关，并认为领导行为通过创造工作环境（自主性、社会支持）影响敬业度。谢赫等（Hsieh et al，2015）

跨层面的研究结果表明，对于诚信领导和员工敬业度之间关系，员工信任具有完全中介作用；员工感知到的诚信领导在主管感知到诚信领导和员工信任之间，以及主管感知到诚信领导和员工敬业度之间起完全中介作用。在个体层面上，员工信任对员工感知到的诚信领导与员工敬业度之间的关系有部分中介作用。科尔津斯基（Korzynski，2015）研究表明，员工敬业度与领导花费在内部网络平台上的时间、在线网络行为规范、开放式组织文化的存在呈正相关关系。

赖斯纳等（Reissner et al，2013）提出，经理使用指令和沟通手段创造一种环境，在此环境中员工感到自己受到了信任和重视，进而愿意敬业。伦哈尔等（Runhaar et al，2013）针对教师的实证研究，发现与学生互动与教师敬业正相关。伊德里斯等（Idris et al，2015）认为，团队层次的心理安全氛围与工作敬业呈正相关关系，学习机会中介于它们之间关系。

公平也是影响员工敬业度的重要因素。萨克斯（Saks，2006）认为程序公平能预测组织敬业。阿加瓦尔（Agarwal，2014）实证显示，程序公平、互动公平和心理契约履行与敬业度正相关，信任作为中介因素。

斯蒂格等（Steger et al，2013）证实，有意义的工作与员工敬业度正相关。索西耶等（Sortheix et al，2013）发现，价值一致性、有一份与青年人教育领域相关的工作（教育与工作一致）、内在职业价值与敬业度正相关。戴尔等（Dylag et al，2013）指出，个体与组织工作价值观不一致增加了职业倦怠，减少了敬业。德克勒克等（De Clercq et al，2014）研究指出，员工和主管目标一致与员工敬业度正相关，情绪智力调节目标一致与敬业度之间的正相关关系。

在个人资源方面，敬业的员工似乎不同于其他员工，包括乐观、自我效能感、自尊、恢复力、积极的应对风格和人口统计学变量。这些资源能帮助敬业的员工成功地控制和影响他们的工作环境，因此个人资源能够促进员工敬业。

兰吉兰等（Langelaan et al，2006）使用传统的个体人格五因素模型，发现外向性和敬业度之间显著正相关，稳定性需求和敬业度负相关。贝克等（Bakker et al，2006）在对女性校长的研究中发现，恢复力（resilience）是一个促进员工敬业度的个人资源。桑托普卢等（Xanthopoulou et al，2007，

2008，2009）也研究了个人资源如自我效能感、自尊、乐观，发现它们是敬业度预测的重要因素。李奇等（Rich et al，2010）实证分析显示核心自我评价（自尊、自我效能感、控制点和情绪稳定）和敬业度之间的显著正相关的结果。辛布拉等（Simbula et al，2011）发现，自我效能对敬业度有短期（4个月）、长期（8个月）的滞后影响。克里斯蒂安等（Christian et al，2011）研究显示，责任心、积极情感、积极个性与敬业度正相关。索伦塔格等（Sonnentag et al，2012）实证分析表明，特定日早上的恢复水平与当天的敬业度正相关。甘等（Gan et al，2014）实证研究发现，外向性、尽责性直接、通过工作要求或资源间接影响敬业。鲁夫（Roof，2015）研究结果表明个体灵性和敬业、活力、奉献存在关系，但其与专注维度之间的关系没有得到支持。汤普森等（Thompson et al，2015）提出一种新的资本形式——积极心理资本（PsyCap），包括认知自我的耐久力和坚韧性；并认为心理资本对员工敬业度具有直接和间接的重要影响。柏等（Paek et al，2015）对韩国饭店员工跨期研究显示，具有高心理资本的一线员工更加投入自己的工作。

一些人口统计学变量如年龄、性别、地区、职业群体等与敬业度有关系。肖菲利等（Schaufeli et al，2004）发现，敬业度与年龄显著正相关；男性、佛兰德员工分别比女性、荷兰员工更敬业；一些职业群体（如经理）在敬业度上得分高于其他群体（如蓝领工人）。马努等（Mauno et al，2005）在研究样本中发现员工敬业水平上的性别差异：女性员工似乎更比男性员工更敬业。

4. 员工敬业度研究述评

国内外学者围绕员工敬业度的概念、维度划分及测量、影响因素等方面展开了研究，取得了大量的成果。敬业度作为近年来组织行为领域的研究热点，尽管已经取得了丰富的成果，但是在相关研究上还存在一定局限性。

首先，关于敬业度的概念仍然有一些问题需要进一步厘清。如敬业到底是态度变量、行为变量还是态度与行为复合概念？大多数学者将敬业度定义为员工个体的一种心理状态，因此倾向于态度变量，但是它与一定行为又密不可分，因此对于这个问题还需要学者们进一步深入探讨，便于我们更确切地把握此概念。关于倦怠与敬业的关系比较复杂，已有成果结论也不一致。有学者简单地用倦怠得分的相反模式来表示敬业度，近年来研究结论显示，不能简单地将二者对立起来。对于二者的关系还需要在明确概念的内涵及外延的基础上，扩大样本数量及范围、引入更多的相关变量以明确二者之间的关系。

其次，关于敬业度的维度划分。虽然大多数学者在研究时广泛采用活力、奉献、专注三维度划分标准，但是部分学者如肖菲利（Schaufeli）、米尔斯（Mills）、埃克斯特雷梅拉（Extremera）等在实证中发现了第四个因子，有学者在个别行业研究时只发现了两个维度。那么敬业度到底可以划分为几个维度？这种划分在中国情境下能够推广到普遍行业吗？这些问题尚没有明确权威的解答，因此敬业度的维度划分还需要学者们进一步分析。

肖菲利等（Schaufeli et al）所开发的测量工具 UWES 已经在很多国家得到检验，为学者们所认可，并在研究中广泛应用。张轶文等（2005）仅仅检验了其在陕西省中学教师群体中应用的信度和效度。因此，本书引入 UWES 长版本，扩大研究对象至不同行业背景下企业各级员工，检验其信度及效度。

最后，关于员工敬业度的影响因素方面研究。以往学者认为组织因素中的工作资源与工作要求、人力资源管理、领导、人与组织关系、沟通、公平等能够显著预测敬业度。从整理的文献中可知，社会支持（包括组织支持、主管支持、同事支持）是工作资源中非常关键的构成因素。社会支持可以帮助员工更好地完成工作任务，实现组织及自身目标，因此它的存在能够促进敬业度的形成及保持。

在组织因素中，人力资源管理（报酬与认可、绩效等）是一大类非常重要的前因变量。部分学者（Saks，2006；Schaufeli et al，2009；Barbier et al，2013；Breevaart et al，2014）认为绩效、报酬或认可能够促进员工敬业；而其他人力资源措施如人力资源规划、培训开发、员工关系管理等与敬业度之间的关系则缺乏相应的证据。巴尔等（Bal et al，2013）、伦哈尔等（Runhaar et al，2013）则发现某种类型的人力资源管理（包含培训、绩效、报酬、晋升等措施）与敬业度正相关。学者们对于人力资源管理与敬业度之间的关系，结论不太一致，还需要进一步探讨。

此外，领导、工作的意义或价值、公平、目标或价值观一致等因素也能预测敬业。这些影响因素虽然比较分散，但是它们发挥作用离不开沟通，比如员工要理解、认同自身所从事工作的价值，需要通过一定系统或装置将相关信息准确有效地传递给员工；公平的主观判断来自于员工对于自身所处情境的感知；信息沟通能够有效促进员工和主管或组织的目标、价值一致；等等。研究显示，沟通活动能够促进敬业。沟通效果越好，员工敬业度就会越高，而沟通效果主要取决于沟通过程中信息传递的有效性。因此，信息的有效传递是敬业度上述影响因素的隐含前提。未来可以从信息传递角度对员工敬业度的一些影响因素进行整合研究。

2.3 本 章 小 结

本章首先对归因理论、社会交换理论及组织支持理论进行了简要阐述，其次对理论模型所涉及的三个变量——人力资源管理强度、组织支持感以及员工敬业度的国内外研究情况进行了综述，在分析现有研究不足的基础上，提出了本研究的方向。这些工作为下一章变量之间关系假设的推导及理论模型的构建奠定了理论基础。

通过对人力资源管理强度的文献综述可以看出，现有研究主要存在以下三点不足：一是现有关于人力资源管理强度的结果变量研究，主要集中在情感承诺、离职倾向、组织公民行为等方面，范围较狭窄，对于敬业度这一非常重要的态度与行为混合变量并没有涉及。二是现有关于人力资源管理强度结果变量的研究，一般是直接作用的分析，相对简单，对于其中间作用过程缺乏分析。人力资源管理强度是否会通过一些中介变量而对员工态度或行为产生影响呢？研究它有助于厘清人力资源管理强度的作用机制。三是以往研究多是探讨人力资源管理强度的调节作用，人力资源管理强度作为人力资源管理有效实施、员工有效感知人力资源管理情况的反映，能够独立地对员工态度、行为发挥作用。因此，研究人力资源管理强度的主效应是对现有人力资源管理强度调节作用研究的非常必要的补充。

通过对前文员工敬业度的文献综述可知，关于员工敬业度的概念、维度、前因变量等方面已经有了大量的研究成果，但是仍有一些不足：首先，人力资源管理是否能够影响员工敬业度仍然有不同的结论。究其原因，就在于学者们在研究二者关系时，忽略了一个重要环节：员工对人力资源管理系统的主观感知。设计好的人力资源管理措施，由于信息传递出现问题，导致员工不能有效感知、理解人力资源管理信息，实施效果可能并不好。这样一来，同样的人力资源管理措施在不同组织可能会呈现不同的效果。因此在分析人力资源管理与敬业度的关系时，必须要重视人力资源管理信息有效传递即员工有效感知这一问题，而目前研究恰恰缺乏这些。其次，沟通在员工敬业度提升过程中非常重要。由于员工个体敬业度是短期波动的，需要持续不断的沟通，沟通效果直接影响到敬业程度。而组织一般借助人力资源管理政策措施来实施与员工沟通，因此就必须要研究人力资源管理政策措施的沟通效果。在员工敬业度前因变量研究中分别涉及人力资源管理政策措施和管理沟通，缺乏两者结合分析。在某种程度上，人力资源管理强度是对人力资源管理措施沟通效果的直接反映。研究它对于深化员工敬业度的认识、指导企业实践具有非常重要的意义。

通过对组织支持感的研究可知，组织支持感的研究相对比较成熟，其概念、测量、前因及结果变量都有了较为丰富的研究成果。目前，研究重点是将组织支持感作为中介变量来分析它在一些变量间关系中的作用，即探讨相应组织行为现象或组织实践活动的内在机理。一些学者发现：人力资源管理政策措施通过组织支持感对员工态度及行为产生影响。上述学者是从组织所设计或计划实施的人力资源管理政策措施角度进行研究的。对于人力资源管理措施有效实施情况，或者说员工感知到的人力资源管理，缺乏足够的关注。而这正是人力资源管理强度所强调的部分。

综上，本书拟从人力资源管理作用过程出发，研究人力资源管理强度与员工敬业度之间的关系，同时以组织支持感作为中介变量考察其内在的作用机理，构建"人力资源管理强度—组织支持感—员工敬业度"这一作用过程，以进一步丰富人力资源管理强度、组织支持感及员工敬业度的相关研究。

第 3 章

理论模型与研究假设

3.1 理论模型构建

本书以归因理论、社会交换理论及组织支持理论为基础，对各变量之间的关系假设进行了逻辑推演，构建了人力资源管理强度—组织支持感—员工敬业度的研究框架，作为后续实证研究的理论模型。

根据归因理论，当人力资源管理系统被感知为高度独特的、一致的和共识的，即人力资源管理强度高时，就会创造一个强情境，向员工传递充分清晰、如组织期待的信息（Bowen & Ostroff，2004），员工据此进行准确、积极归因。依据社会交换理论的价值及互惠原则，在此种情况下员工就会积极努力工作以回报组织。此外，鲍恩和奥斯特洛夫（Bowen & Ostroff，2004）指出，实证研究已经表明，组织氛围与高阶行为、组织绩效指标相关。组织氛围可以作为人力资源管理与组织绩效之间多层次关系的一个关键的中介构念。帕特森等（Patterson et al，2005）认为主管支持是组织氛围的维度之一。而组织拟人化思想表明，组织中管理者往往被员工视为组织代理人，其行为及意图也被员工视为组织的意思表示。从该角度理解，主管支持感是组织支持感的主要内容之一（宝贡敏等，2011）。人力资源管理强度越强，通过在组织内部创建的强情境，信息得以清晰一致有效传递，组织的人力资源管理实践被员工有效感知，员工就会切实感受到组织的重视关心，基于社会交换及组织支持理论,员工会以积极奉献、不断提高工作绩效来回报组织。因此,组织支持感会在人力资源管理强度与员工敬业度之间发挥中介作用。

基于上述分析,本书构建的理论模型如图3-1所示。

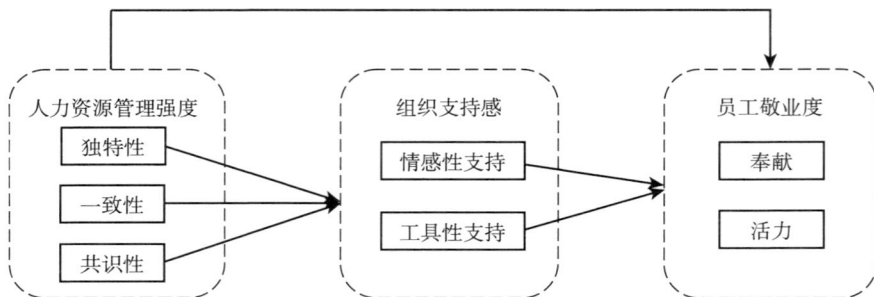

图3-1 理论模型

3.2 人力资源管理强度与员工敬业度的关系假设及模型

3.2.1 人力资源管理强度与员工敬业度的关系假设

桑德斯等(Sanders et al, 2008)、李晓蓓等(Li et al, 2011)依据归因理论,针对鲍恩和奥斯特洛夫(Bowen & Ostroff, 2004)提出的人力资源管理强度(独特性、一致性及共识性),分析了其与情感承诺、活力、离职倾向、满意度等态度变量的关系,发现三维度与上述变量部分显著相关。员工敬业度作为态度与行为的混合变量,因此很有可能与三维度存在一定关联。

一个独特性、一致性和共识性都较高的人力资源管理系统可以提升情境解释的清晰度,在员工中产生相似的"认知地图",创造出一个"影响情境"(Bowen & Ostroff, 2004)。罗斯等(Ross et al, 1991)指出,社会情境创造了强有力的力量去产生或约束行为。强有力的情境,能诱导出最佳的反应模式,为最佳反应的绩效提供激励,并培育员工具备令人满意的建构和执行所必需的技能。相反，微弱的情境，不能产生期望行为，不会为期望的绩效提供足够的激励，不能为成功的行为建构提供学习的环境。当组织的人力资源管理强度高时，创建了一个员工可以共享情境建构的强有力的影响情境，人力资源管理信息得以有效传递，员工往往会对原因（人力资源管理）——效应（有目的管理）之间的关系有一个更清楚的认识，进而能够清晰、一致、充分理解认可人力资源管理措施，产生适当的态度或行为（Bowen & Ostroff，2004）。

具体而言，员工使用人力资源管理信息作为来自于管理方的沟通信号以理解自身的工作情境（Guzzo et al，1994）。个体的归因活动促进了这种意义建构过程（Nishii et al，2008）。在人力资源管理情境中，员工从这些沟通中去推断原因—结果归因，以决定什么样的行为是重要的、被组织期望和奖励的。在组织与员工需求价值平衡的人力资源管理背景下，员工通过这样的因果推断如反应—奖励等，对组织的人力资源管理措施及实践进行积极归因，将组织的管理活动归结为组织对员工价值尊重、认可、信任，对员工利益的关注，为了提高员工幸福感等。

在某种程度上，人力资源管理是从组织到员工的信息交流（Tsui，1997）。人力资源管理强度高时形成的强情境，促进了信息在组织与员工之间的交流。组织与员工交流越充分，交流的效果越好，员工越能有效感知信息，组织目标在员工那里越得以清晰化、越容易被员工接受，员工的正当权益越会被组织考虑，员工越能够在工作中展现出组织所期望的工作态度及行为。因此，人力资源管理强度越高，员工工作态度及行为越积极（李敏等，2011）。强势的人力资源管理系统通过强情境实现信息的有效传递和员工有效感知，员工自然会积极、努力、高效地开展工作。

就人力资源管理强度的三个维度分别而言：

独特性是指人力资源管理在环境中是否突出并能吸引员工注意（Bowen & Ostroff，2004）。当人力资源管理政策措施容易被员工观察到、理解，而且该措施的发布者、推行者具有较高的权威时，能提高信息传递的效率，更容易得到员工的普遍认同，更好地发挥应有的价值和作用。李晓蓓等（Li et al，2011）指出，独特性会使员工更可能将人力资源信息归因于有积极目的的管理。依据社会交换理论，当员工从人力资源管理实践中感知到组织的关心、帮助及信任尊重后，必然会以努力、高效工作，忠诚于组织作为回报。此外，独特性也要让员工感知到人力资源管理措施与他们个人目标是紧密相关的。当员工感知到情境与他们的重要目标相关时，员工就会表现出符合目标的被期望的动机和行为（Kelman et al，1989）。当个体目标与组织目标协调一致时，员工会将目标自觉转化成具体的行动，以促进目标的实现。

一致性要求人力资源管理系统的内容本身及实施相互协调、统一。这意味着人力资源管理实践彼此协同，更可能被看作是一个具有独特作用的因果束，它使管理得以归因于不同的情境和时间（Sanders et al，2008）。一致性使员工从组织获得一致的人力资源管理信息，它对于员工树立正确的观念、指导员工按照组织要求行事具有十分重要的作用。前后不一致或相矛盾的信息会造成员工思想混乱，使其无所适从，最终导致行动的懈怠或不作为。从某种意义上，人力资源管理措施的实施就是向员工传达信息，使他们认识了解组织所期望的、奖励的行为，进而规范员工的工作态度及行为的沟通过程。在此活动中，组织所宣传的与所传递的信息要保持一致，否则会降低信息传递的效率，造成沟通效果较差，组织期望行为也不会出现。

共识性是指决策制定者（通常是高管、人力资源经理和直线经理）之间在人力资源管理上一致性的程度。决策者就人力资源管理政策、程序高度一致时，员工更愿意认同这些有因果关系的管理（Li et al，2011）。人力资源管理政策措施是由组织的决策层基于组织战略目标及生产经营计划设计出来的，进而在组织中推行。组织的人力资源管理决策者之间就人力资源方面达成共识时，所发布、执行的人力资源管理政策措施就会越明确、清晰、一致（Fiske et al，1991），员工就会体验到相同的事件—结果的关系（Bowen & Ostroff，2004），他们对于这些人力资源管理措施的认可及接受程度就越高，在员工之间越容易形成共同的价值观念。总之，人力资源管理决策者之间达成一致时，员工更容易授受、认同这些人力资源管理措施，进而产生敬业行为。

因此，提出以下假设：

H1　人力资源管理强度与员工敬业度显著正相关

H1a　独特性与奉献显著正相关

H1b　一致性与奉献显著正相关

H1c 共识性与奉献显著正相关

H1d 独特性与活力显著正相关

H1e 一致性与活力显著正相关

H1f 共识性与活力显著正相关

3.2.2 人力资源管理强度与员工敬业度的研究模型

根据假设 H1 构建出人力资源管理强度与员工敬业度关系的研究模型，如图 3 - 2 所示。

人力资源管理强度 员工敬业度

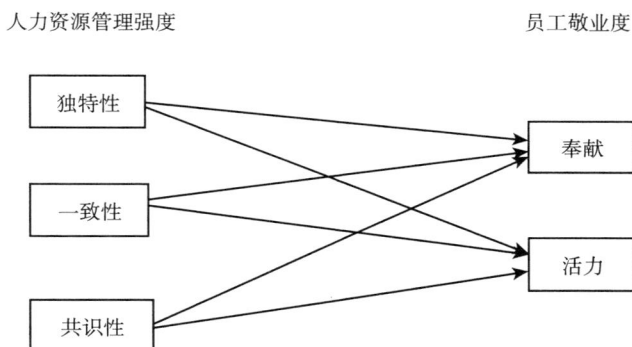

图 3 - 2 人力资源管理强度对员工敬业度直接效应模型

3.3 人力资源管理强度与组织支持感的 关系假设及模型

3.3.1 人力资源管理强度与组织支持感的关系假设

在某种意义上，人力资源管理系统就是信息沟通装置，通过它组织价值观、目标得以传递给员工，员工根据感知到的人力资源措施做出相关的态度、行为反应。人力资源管理强度高时，在强情境下能够向员工高效传递清晰、一致、充分的信息，使员工对什么是重要的、哪些行为是组织期待的、奖励的等进行更加准确地判别，据此进行行为决策。人力资源管理强度对于员工感知人力资源管理具有十分重要的作用。

人力资源管理是雇主主导型的劳动关系调整模式，它通过人力资源管理实践建立雇主与员工的利益共同体，实现组织绩效和员工利益的双赢（常凯等，2006）。因此，对于员工而言，人力资源管理本身必然会传递积极信息，如尊重关心员工、进行人力资源投资等。在人力资源管理强度高时形成的强情境下，这些人力资源管理措施及活动必然能被员工准确、清晰、如组织所期待那样感知，在这一过程中员工就会切实感受到组织的支持与关心，组织支持感便自然产生了。

就人力资源管理强度的三个维度分别而言：

独特性的三个特征（可视性、可理解性、权威合法性）使人力资源管理措施更加容易被员工观察到、理解，此种情况下员工更容易感受到组织的支持。扩大人力资源管理活动的数量和范围，可以强化人力资源管理的显著性和可见性，从而使人力资源管理信息能够得到更有效传递，员工会更容易感知到组织对其努力重视、对其利益的关注。根据沟通理论，对于人力资源管理措施及活动传递的信息员工首先要进行解码与接受，然后进行感知内化，最后改变态度、指导行为（汪晓媛，2012）。因此，员工感知的质量与人力资源管理信息易理解的程度密切相关。依据社会认知理论，信息源的特征、个体归因过程和说服结果是紧密联系在一起的，沟通者的可信度是个体归因、说服和影响努力的一个关键因素（Chaiken et al，1996）。人力资源管理政策措施得到高层管理者的支持，表明人力资源管理是"合法的"和"可信的"（Bowen & Ostroff，2004）；同时也向员工传递组织重视人力资源、视员工为重要资产、进行人力投资等信号（唐贵瑶等，2013），员工自然会知觉到组织的支持。相关性使员工个人目标与组织的人力资源管理密切联系起来，员工在完成工作任务的同时个人目标得以实现，从而会切实感受到组织对自身的关心重视。

一致性要求组织必须让人力资源管理措施和时间、人、情境建立一贯的联系。研究显示，在组织中员工希望获得一致性的信息（Kelly，1973；Siehl，1985）。人力资源管理传递给员工不一致的信息后，会导致特别强烈的认知失调（Siehl，1985），后果很严重。如果人力资源管理各项措施彼此无法协调一致，人力资源管理活动将导致员工的角色混淆与冲突，降低个体绩效（Bowen & Ostroff，2004）。国内外研究表明，角色压力（角色模糊、角色冲突）反向影响组织支持感（Rhoades et al，2002；Stamper et al，2003；Allen et al，2008）。一致性较高情况下，人力资源管理各措施之间内在匹配、协调，且持续稳定向员工沟通一致的信息，员工会充分地认识了解组织期望（目标、价值观等），从认知、情感及态度方面调适自我，按组织期望行动，从而可以有效避免工作中的角色模糊及冲突。由于角色压力与组织支持感负相关，而一致性较高时能有效避免认知失调，减缓工作角色模糊与冲突。因此，一致性较高时，员工能够呈现较高的组织支持感。

当组织决策者（高管、人力资源经理及直线经理）在人力资源管理上存在一致认识时，共识性就出现了。当越来越多的员工"看到"实践并感知到高层决策者对人力资源管理达成一致时，共识性就得到了优化（Bowen & Ostroff，2004）。进一步，人力资源管理从业者、经理和高层管理者的整合与紧密的互动，可以强化有关组织的战略和人力资源管理系统的构想和实施的隐性知识的交换（Lado et al，1994）。这些整合，能够识别出重要的目标和达成目标的途径（Bowen & Ostroff，2004），使管理层的理念、价值观如保障员工合理利益等得以成熟化、明确化、操作化。因此，主要决策者之间就人力资源管理形成共同认识，会促进员工对人力资源管理政策措施的了解、认同、接受，在此过程中，组织对员工努力的重视及其福祉的关注也会被员工感知、判定。

基于上述分析，提出以下假设：

H2　人力资源管理强度与组织支持感显著正相关

H2a　独特性与情感性支持显著正相关

H2b　一致性与情感性支持显著正相关

H2c　共识性与情感性支持显著正相关

H2d　独特性与工具性支持显著正相关

H2e　一致性与工具性支持显著正相关

H2f　共识性与工具性支持显著正相关

3.3.2　人力资源管理强度与组织支持感的研究模型

根据假设 H2 构建出人力资源管理强度与组织支持感关系的研究模型，如图 3 - 3 所示。

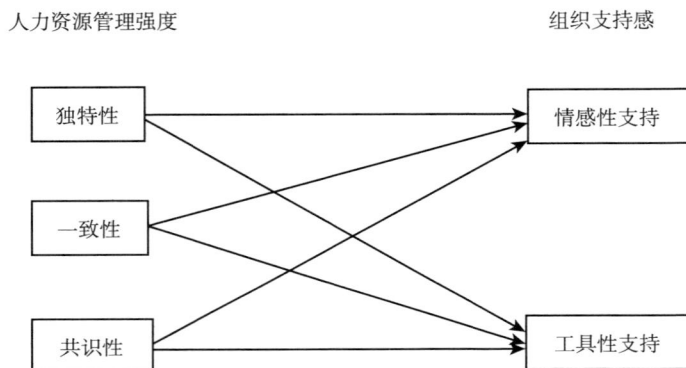

图 3 - 3　人力资源管理强度对组织支持感直接效应模型

3.4　组织支持感与员工敬业度的关系假设及模型

3.4.1　组织支持感与员工敬业度的关系假设

组织支持感又被称为"雇主承诺"（employer commitment），其实质就是组织对员工的承诺。艾森伯格等（Eisenberger et al，2001）明确指出，组织支持感使员工产生关心组织的幸福和帮助组织实现其目标的义务感。组织支持感与义务感之间联系的强度被员工接受互惠规范作为员工—雇主关系的基础而影响。员工交换意识是指员工具有这样的信念，该信念认为员工关注组织的福祉和工作努力所能获得的组织有利对待，这样做是适当的和有用的（Eisenberger et al，1986）。具有高交换意识的员工在组织支持感与对组织的义务感、角色外绩效之间具有较强的关联（Eisenberger et al，2001）。

　　奥德里斯科尔等（O'driscoll et al，2007）指出，知觉到组织支持的员工，作为回报，将关注组织的发展以及帮助组织实现其目标作为自己的责任。因此，当员工感受到组织的重视和关心时，作为互惠交换，员工就会自发地为组织的利益付出更多的努力，就会自觉地表现出组织期望的行为。

　　目前，在组织支持感与员工敬业度的关系方面已经有了一些研究成果。如萨克斯（Saks，2006）研究显示，组织支持感能显著预测员工的敬业度。罗特曼等（Rothmann et al，2007）研究表明，组织支持对敬业度的活力和奉献维度有显著预测作用。艾哈迈德等（Ahmed et al，2015）元分析表明，组织支持感对员工敬业度有显著影响。国内学者也发现组织支持感正向影响员工敬业度（李金波等，2006；曹科岩等，2012；卢纪华等，2013）。

　　但是，国内外学者多数将组织支持感、员工敬业度作为整体变量去研究二者之间的关系，不再将上述变量细划为不同维度深入探讨内部关系；国内个别学者在研究时作了进一步细分，但是多采用国内学者的划分维度及测量工具，这些研究缺乏权威，还需要进一步加以验证。本书首先将组织支持感、员工敬业度根据权威专家论述划分为不同的维度，其次采用经过大量使用验证的测量工具以探索上述二变量整体及内部各维度之间的关系。根据麦克米林（McMillin，1997）、德默罗蒂等（Demerouti et al，2002）研究，本书将组织支持感划分为情感性支持和工具性支持二维度；将员工敬业度分为活力和奉献二维度。

　　前文所述，组织支持感与员工敬业度有密切的关系。具体而言，情感性支持主要反映了员工透过组织代理人角色行为所感知到的组织所提供的亲密支持和尊重支持的程度，主要表现为组织重视员工所做出的贡献、关心员工福利及社会需求满足等。这种尊重、沟通、理解，会使员工在组织生活中体验到一种愉快的经历，根据社会交换中的酬报原则，员工就会产生一种回报组织的义务感，进而提高工作投入和组织承诺，帮助组织实现目标（Eisenberger et al，2001）。

　　工具性支持反映了组织在工作上能够为员工提供的帮助，是员工顺利完成工作的基本所需。如果缺少工具性支持，员工便缺少完成工作所必需的培训、信息、工具和设备等工作资源。这将会导致员工工作质量下降，难以完成工作任务，最终会产生气愤和挫折（McMillin，1997）。工作要求—工作资源模型认为工作本身对员工的要求会产生一种压力，当压力过大时，会使员工出现情绪衰竭、离职等负面反应；而工作资源，即组织提供给员工的、能满足其工作需要的各种支持，会促进工作目标的达成，同时也能使员工在专业上得到锻炼和发展（Demerouti et al，2002）。组织通过提供工作资源满足员工个体工作上需求，激发员工产生对组织的责任感和使命感，从而使员工认为有责任通过实际行动来支持组织目标以回报组织的支持（卢纪华等，2013）。总之，当员工感知到组织愿意而且能够对他们的工作提供支持时，员工会以努力、积极行动回报组织。

故提出以下假设：

H3　组织支持感与员工敬业度显著正相关

H3a　情感性支持与奉献显著正相关

H3b　工具性支持与奉献显著正相关

H3c　情感性支持与活力显著正相关

H3d　工具性支持与活力显著正相关

3.4.2　组织支持感与员工敬业度的研究模型

根据假设 H3 构建出组织支持感与员工敬业度关系的研究模型，如图 3 – 4 所示。

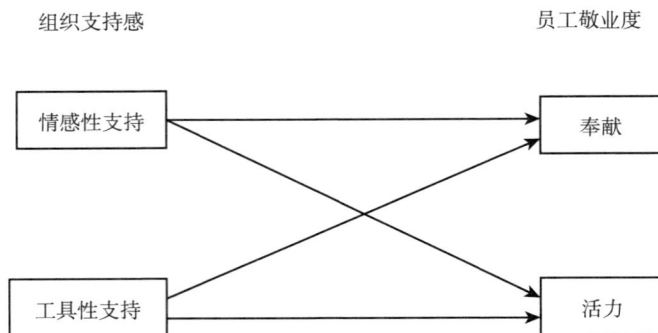

图 3 – 4　组织支持感对员工敬业度直接效应模型

3.5 组织支持感的中介作用假设及模型

3.5.1 组织支持感的中介作用假设

国内外的一些研究已经表明组织支持感中介于其他变量对员工态度或行为的影响。

国外学者认为人力资源管理政策及措施一般是指组织公开阐述并实际执行的有关政策措施；它与员工主观感知到的人力资源管理是不同的（Khilji et al, 2006）。这种差异必然会影响个人对组织支持的感知以及组织对给予个人支持的判断（邵芳等，2013）。

实证研究已指出，组织氛围与高阶的行为和组织绩效指标相关，组织氛围是人力资源管理和组织绩效之间多层次关系的一个关键的中介构念（Bowen & Ostroff，2004）。当员工对组织的政策、实践和目标发展出共享的解读，并对组织所期望和奖励的行为形成共享的知觉时，组织氛围就充当了一种强情境。社会情境创造了强有力的力量去产生或约束行为（Ross et al，1991）。强有力的情境能产生期望行为。当人力资源管理强度高时，它就会创造一个强情境，将关于什么是组织期望的、支持的、奖励的合适行为等信息清晰一致传达给员工，使员工有效感知，进而对其态度及行为产生影响（Bowen & Ostroff，2004）。

组织支持感与主管支持感的心理机制是非常相似的，都是基于社会交换理论。员工以积极努力工作从组织那里交换关心、尊重、薪酬及福利等（Eisenberger et al，1986）。莱文森（Levinson，1965）指出，在组织中管理者一般被员工视为组织的代理人，员工倾向于把组织代理人的行动视为组织本身的行动。当员工在工作生活中从主管那里感受到关心尊重时，他们会推论组织是通过主管来关心自己，基于互惠原则也会对组织产生义务感。艾森伯格等人的实证研究表明，主管支持感是组织支持感的预测因子之一（Eisenberger et al，2002）。在某种程度上，组织支持感与主管支持感是一致的，主管支持感是组织支持感的重要内容之一（宝贡敏等，2011）。帕特森等（Patterson et al，2005）认为主管支持感是组织氛围的维度之一。因此，组织支持感可以被视为组织氛围的一个构成成分。

由于人力资源管理系统是组织单方主导的劳动关系协调模式，其内在包含关注员工利益、实现组织与员工共同发展等内容。这些关心支持员工的信息必然会通过人力资源管理系统传递给员工。人力资源管理强度高时，通过创造的强情境，员工很容易感知到组织对自身的关心、尊重及支持。根据社会交换及组织支持理论，为了回报组织的支持与信任，员工自然便会产生敬业的态度及行为。人力资源管理强度越强，通过强势情境，有效传递人力资源管理信息，员工感知的组织支持越多，对组织目标越认同，越容易产生敬业的态度及行为。因此，人力资源管理强度除了可以直接作用于员工敬业度，还可以通过组织支持感间接对员工敬业度发挥作用。

就人力资源管理强度的三个维度分别而言：

当人力资源管理具体措施容易被员工观察到、理解，而且该措施的发布者以及执行者具有较高权威时，为员工透过人力资源管理感受到组织支持提供有利条件（Eisenberger et al，2001）。组织支持感依赖于相同的归因过程，人们一般都可以推断出别人对社会关系的承诺，即组织支持感会被赞赏和认可陈述的频率、程度以及判断出的诚意所影响（Blau，1964）。人力资源管理措施及活动，在某种程度上反映了组织对员工的积极评价。作为交换，员工必然会以努力、高效工作回报组织。

当人力资源管理的各项措施及其实施过程具有统一性及有效性时，通过与员工的持续沟通，前后一致的、稳定的、有效的信息得以传递给员工，此时该组织的人力资源管理系统呈现高一致性。沟通理论显示，信息的特征与作出的归因和说服的结果是相关联的（Fiske et al，1991）。一致稳定有效的信息使员工因果推断跨越时间、形态、人员保持一贯性，进一步强化了期望的指定行为被表现出来的可能性（Bowen & Ostroff，2004）。内部协调、目标明确的人力资源管理系统传达出具有上述特征的信息，会极大地促进员工对人力资源管理活动表现出的组织价值观、目标如组织与员工共赢等的理解及接受，这种情况下有利于员工组织支持感的产生及回报组织行动的开展。

共识性来源于人力资源管理决策者之间的一致性。员工感知到主要决策者之间就人力资源管理方面达成共识,人力资源管理信息得以清晰、高效传达,员工会更加认同、接受人力资源管理政策措施（唐贵瑶等,2013）,更易感受到人力资源管理活动体现出的组织承诺与支持。基于互惠规范,有高组织支持感的员工就会有一种通过努力工作回报组织的义务感觉。

综上,人力资源管理强度高时,通过强情境,促进员工感受到组织的重视与支持,进而使员工产生组织期望的态度及行为,更好地服务于组织。因此,组织支持感会在人力资源管理强度与员工敬业度之间具有一定的中介作用。

基于以上分析,本研究提出以下假设：

H4   组织支持感在人力资源管理强度与员工敬业度之间具有中介作用

H4a   情感性支持在人力资源管理强度各维度与员工敬业度各维度间具有中介作用

H4b   工具性支持在人力资源管理强度各维度与员工敬业度各维度间具有中介作用

3.5.2 组织支持感的中介作用研究模型

根据假设 H4,构建出组织支持感在人力资源管理强度与员工敬业度之间的中介效应模型,如图 3 – 5 所示。

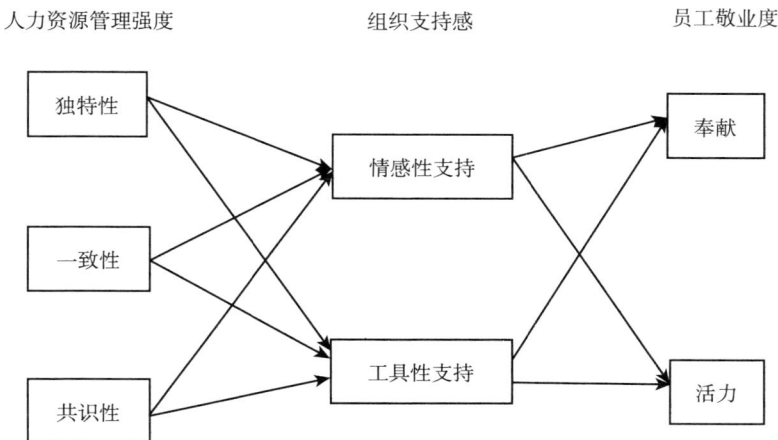

图 3 – 5 组织支持感在人力资源管理强度与员工敬业度之间的中介效应模型

3.6 本 章 小 结

本章在第 2 章文献综述基础上，依据归因理论、社会交换理论以及组织支持理论构建了涉及人力资源管理强度、组织支持感、员工敬业度三变量的理论模型，并对上述变量及变量各维度之间的关系进行了假设推演，为后续的实证检验建立了坚实的理论基础。

| 第 4 章 |
研究设计与数据收集

4.1 研 究 样 本

4.1.1 研究对象及单位

本书以我国企业为对象，探讨人力资源管理强度、组织支持感对员工敬业度的影响，而且国内外相关研究表明，敬业度是一个广泛的概念，其与行业的关联性并不是特别明显（说明：研究发现，年龄、性别、地区、职业群体等与敬业度有关系，行业差异的报告暂无），因此，在样本选择上不再限定某一行业。样本单位全部为我国境内从事生产经营活动的各类企业，包括国有企业，如中国工商银行、中国平安保险、中国联通公司、石家庄燃气公司等；民营企业，如奔腾计算机公司等，共计45家单位。这些企业主要分布在河北、北京、浙江、广东、上海等东部沿海地区，以河北为主。研究对象多数为中层或基层管理人员、一般职员。

4.1.2 样本量

在研究中，受访者的个数为多少才具有代表性呢？就这个问题，在社会科学研究领域中尚无明确一致的结论。盖伊（Gay，1992）对于样本数的选择，提出如下看法：进行相关研究的目的在于研究变量间有无关系存在，受试者至少为 30 人。吴明隆等（2012）认为，由于研究实际情况不同，抽取样本时如局限于绝对数量的多少，不太适宜。他指出，不论样本数的多寡，最重要的是样本要有足够的代表性。欣克尔与奥利弗（Hinkle & Oliver，1983）明确指出，在其他条件保持不变时，较大样本所得到的研究结论，会比小样本所得到的结论更为可信。因此，较大样本的选取是适当而必要的。陈正昌（2005）明确指出，进行多元回归分析时，每个预测变量最少要有 5 个样本，且最好有 15 ~ 20 个样本；如果使用 Stepwise 法，则更要增加到 50 个样本，如此回归分析的结果才具有类推性，也才可以适用到不同的样本上（Hair et al，1995）。张文彤（2002）提出，观测数应在拟分析的自变量数的 20 倍以上，少于此数则可能会出现检验效能不足的问题。

舒马克和罗马克斯（Schumacker & Lomax，1996）研究发现，进行结构方程模型（SEM）大部分的研究，其样本数大多介于 200 ~ 500 之间。吴明隆（2012）认为，中型规模样本数量必须要大于 200，受试样本数量在 200 以上时分析的结果相对就比较稳定了。本特勒等（Bentler et al，1987）认为，符合正态或椭圆分布的变量，每个观察变量 5 个样本就足够了；对于其他类型分布，每个变量的样本数量最好要在 10 个以上。米勒（Mueller，1997）认为单纯的结构方程模型分析的样本数量至少在 100 以上，200 以上更佳，如果从模型观察变量数来分析样本人数，则样本数与观察变量数的比例至少为 10：1 ~ 15：1。

本书采纳张文彤（2002）的建议，即样本数与自变量数之比不小于 20：1。本研究自变量个数为 5 个，本研究正式测量共回收有效问卷 676 份，为自变量的 100 多倍，完全满足回归分析的样本数量要求。同时，本研究采纳米勒（Mueller，1997）的建议，即样本数与观察变量数之比不小于 10：1。经过预测试修正后正式量表共 31 题，正式有效问卷 676 份，为题目数量的 21.8 倍，大于 10：1 的比例，也满足结构方程模型分析的要求。因此，上述数据基本能够满足本研究分析的需要。

4.2　研究数据收集

本研究通过调查问卷收集数据。组织支持感、员工敬业度问卷所使用的是国外成熟量表，而人力资源管理强度问卷以国外文化环境为基础编写而成的，只是进行了初步测试，尚没有大量地在实践中应用。为了确保问卷的效度，在问卷发放之前进行了翻译、回译及修订的工作。原始量表由作者本人翻译，并由英语专业老师进行回译。对照原表修正后，发给在企业一线工作的资深人力资源管理人员 5 人（包括人力资源经理、人力资源主管及一般职员），由他们根据自身理解情况对各题目进行修改。然后，与 2 位组织行为学和人力资源管理专业教师一起，就量表要测量的概念对各个题目进行讨论、评价、修改。最后，由作者本人汇总整理上述意见对问卷进行最终修改定稿。通过上述过程确保问卷翻译的准确性以及良好的适用性。

本研究共进行了两次测量。第一，小样本预测试，进而对问卷数据进行处理，检验问卷的信度与效度，删除部分题目获得正式测试问卷。正式测试用问卷主要包括四个部分，分别测量人力资源管理强度、组织支持感、员工敬业度及员工个人信息。除敬业度测量部分，其他变量测量均采用李克特五点量表，1 为与实际情况完全不符合，5 为与实际情况完全符合；员工敬业度测量采用 UWES 原始模式，采取李克特七点量表，0 表示题目中的情况从来没有出现，6 表示题目中的情况总是出现。

第二，进行正式测量。考虑到样本资源可获得性，正式测量时采用便利抽样原则，部分问卷由调查人员现场发放，同时指导被调查者当场填写问卷；部分问卷以电子问卷方式通过电子邮件（email）或问卷星网站发放并回收；还有一部分问卷委托同学、朋友代为发放并回收。共发放问卷 900 份，回收830 份。剔除以下情况的无效问卷，包括部分或全部题目选项相同，如人力资源管理强度各题目均为同一选项；题目及个人信息回答不全的问卷；题目回答时呈现规律变化的问卷，如 123 循环等；正向与反向问题回答相同的问卷。经过筛选，得到有效问卷 676 份，有效率为 81.4%。

正式测量样本分布如表 4-1 所示。

表 4 - 1 正式测量样本分布（N = 676）

人口统计学变量	样本特征	人数（人）	百分比（％）	人口统计学变量	样本特征	人数（人）	百分比（％）
性别	男	238	35.2	行业	电子信息	92	13.6
	女	438	64.8		钢铁和机械制造	60	8.9
年龄	18 ~ 30 岁	278	41.1		金融	152	22.5
	31 ~ 40 岁	252	37.3		建筑和房地产	78	11.5
	41 岁及以上	146	21.6		医药化工	86	12.7
文化程度	大专以下	56	8.3		商业服务	104	15.4
	大专	247	36.5		农林牧渔	36	5.3
	本科	329	48.7		其他	68	10.1
	研究生	44	6.5	职位	科研技术人员	97	14.4
工作年限	3 年以下	253	37.4		生产人员	111	16.4
	3 ~ 5 年	176	26.0		营销人员	180	26.6
	6 ~ 10 年	132	19.5		一般行政人员	206	30.5
	11 年及以上	115	17.1		各级主管	82	12.1
单位性质	国有企业	266	39.3				
	民营企业	272	40.2				
	外资、合资企业	68	10.1				
	其他	70	10.4				

4.3 变量的测量

人力资源管理强度、组织支持感、员工敬业度在国外已经进行了较为广泛的研究，有比较成熟可靠的测量工具，因此本文选择对已有相关量表进行修正并运用，以保证研究的信度和效度以及确保这些量表适合在我国企业中使用。

4.3.1　人力资源管理强度

本研究在测量人力资源管理强度时，采用德尔莫特、德温恩和塞尔斯（Delmotte，De Winne & Sels，2012）编制的人力资源管理强度量表（HRM Strength Scale）。该量表严格遵循鲍恩和奥斯特洛夫（Bowen & Ostroff，2004）理论模型所开发，已在荷兰、比利时等情境下进行了实证检验。该量表共 31 题，其中独特性维度包含 10 个题项，如"员工被定期告知人力资源部门所采取的措施""公司的人力资源员工能够获得其他员工的充分肯定""人力资源管理部门能够为组织带来较高的附加价值"等；一致性维度包含 9 个题项，如"单位的人力资源实践不会促进员工的激励（反问题）""单位所实施的人力资源措施在理论上听起来不错，但在实践中没有用（反问题）"等；共识性维度包含 12 个题项，如"高层管理人员和人力资源管理部门共享相同的愿景""在本单位中，管理层一致支持人力资源政策"等。共识性中有 7 题测量程序公平、分配公平。大多数学者在对共识性进行操作化测量时，都舍弃了员工对人力资源措施的公平性感知，根据员工对组织所实施的人力资源政策和实践的感知程度直接反映（Li et al，2011），或者是由直线经理和人力资源经理报告的相同程度来间接测量（Boxall et al，2007；Sanders et al，2008）。一些学者认为公平性感知与共识性之间关联性较差（Sanders et al，2008；Li，2010），因此为了保证测量的准确性，删去上述公平方面的题项，只保留 5 题。

上述题目采用李克特五点量表，1 表示与实际情况完全不符合，3 表示说不清，5 表示与实际情况完全符合。为了解决社会称许及全部正向题目难以区分无效问卷等问题，问卷中共设置了 11 个反向问题。修正后分量表各题目得分加总后平均作为人力资源管理强度三个维度的得分。

4.3.2　组织支持感

本研究采用麦克米林（McMillin，1997）、陈志霞（2006）编制的组织支持感问卷（survey of perceived organizational support），包括 10 个题目，其中 3

项测量工具性支持，如"单位会尽力为我提供工作所需的培训或相关支持"等；7 项测量情感性支持，如"单位关心我的个人感受""单位关心我的福利"等。采用李克特五点量表，1 为与实际情况完全不符合，5 为与实际情况完全符合。组织支持感两个维度的计算采用修正后分量表相应所属题目得分加总后平均。

4.3.3 员工敬业度

本研究采用修改后的肖菲利（Schaufeli，1986）编制的工作投入量表（utrecht work engagement scale，UWES），共 10 个题目，其中奉献 5 题、活力 5 题，如"我对工作富有热情""我可以一次连续工作很长时间""工作激发了我的灵感"等。采用李克特七点量表，0 表示该情形从不出现（一年几次或者更少），6 表示该情形总是出现（每天）。关于员工敬业度的内在结构，国内外学者有单因子、二因子（奉献、活力）、三因子（奉献、活力、专注）等不同的看法。通过对这一量表的探索性、验证性因子分析，可以检验我国企业员工的敬业度内在结构。

4.4 主要数据分析方法

将回收后的问卷输入计算机，运用 SPSS22.0 和 AMOS21.0 软件进行数据处理。主要运用的数据处理方法包括：探索性因子分析、信度分析、效度分析、描述性统计、独立样本 T 检验、单因素方差分析以及多元线性回归分析。

4.4.1 探索性因子分析

由于本研究所使用的问卷是对以往国外成熟量表修订后得到的，因此其对我国样本的适用性就要进行检验。因此，本书首先对预测试数据进行探索性因子分析，分别对人力资源管理强度、组织支持感及敬业度量表进行检验。目的主要是确定人力资源管理强度、组织支持感及敬业度等概念的内在结构，简化观测指标。巴戈齐和鲍姆加特纳（Bagozzi & Baumgartner，1994）建议，由 3 ~ 5 个题目所组成的量表是最理想的。亚科布奇（Iacobucci，2008）认为题项的数目最少要有 3 个，而 5 个以上可能就过犹不及了。因此，本书采取主成分分析法进行因子提取，将不能满足因子得分最低要求的题目删去，在研究中部分量表针对我国样本员工测量后显示出与国外研究不同的结构。具体过程及结果见 4.5 小节问卷分析部分。

4.4.2 信度分析

本研究对人力资源管理强度、组织支持感、员工敬业度等概念的各维度分量表进行了内部一致性系数 α 的计算，同时对人力资源管理强度、组织支持感、员工敬业度各变量进行了内部一致性 α 信度分析。α 系数的计算公式表明，α 系数在 0 ~ 1 之间取值，受题目数及相关系数均值的影响。由于本研究的题目数达到效度分析的上限（每个变量 5 项），总数较多，因此 α 系数的计算得值比较大，结果比较理想。

4.4.3 结构效度分析

结构效度是指测量工具能测得一个抽象概念或特质的程度。本研究采用结构方程模型分析技术来评估测验的结构效度。具体来说，本书要运用结构方程模型技术对人力资源管理强度、组织支持感、员工敬业度各变量进行验证性因子分析，以检验探索性因子分析所确定的各变量内在结构。

4.4.4 共同方法偏差检验

由于所有变量均由同一员工（受访者）报告，因此很可能存在共同方法偏差（common method biases）。共同方法偏差指的是因为同样的数据来源或评分者、同样的测量环境、项目语境以及项目本身特征所造成的预测变量与效标变量之间人为的共同变异（周浩等，2004）。它在心理学、组织行为学研究中特别是采用问卷法的研究中广泛存在。共同方法偏差的存在使研究结果发生偏差，对结论产生潜在的误导。本研究除了采用程序控制以外，主要采用哈曼（Harman）单因素检验对数据同源所带来的人为共变进行统计控制。

4.4.5　独立样本 T 检验和单因素方差分析

本研究在分析人口统计学特征对人力资源管理强度、组织支持感、员工敬业度影响时，采用了上述分析方法。具体而言，性别、文化程度影响分析时采用了独立样本 T 检验；年龄、工龄、单位、行业、职位等因素在观测变量差异性研究时采用了单因素方差分析。本文采取随机抽样方式，样本值在各测量变量上呈现近似正态分布，故可以采用上述方法。

4.4.6　多元线性回归分析

多元线性回归是指有多个解释变量的回归模型，用于解释因变量与多个自变量间的线性关系。本研究中，在分析人力资源管理强度、组织支持感、员工敬业度之间关系时，采用多元线性回归分析方法，以人力资源管理强度为自变量，分别以组织支持感、员工敬业度各维度为因变量，建立人力资源管理强度对以上因变量的线性关系。此外，组织支持感的中介作用检验也要采用线性回归分析。

4.5　预测试与问卷的修订

本研究的工具均为国外成熟问卷，其在我国企业情境下的有效性有待检验；此外，就各潜变量的结构而言，我国企业员工是否与国外员工不同，这些都需要通过预测试进行分析。本部分主要检验了问卷的信度和效度，其中信度检验为内部一致性系数 α，效度检验为结构效度（constructive validity）。根据预测试结果对问卷部分题目进行了删减和修改。

4.5.1 预测试样本及数据收集

本研究对象为河北石家庄、保定等地 9 家企业。采取便利抽样原则,问卷以现场发放及委托发放为主,共发放问卷 250 份,回收 221 份,有效问卷 186 份,有效率为 84.2%。样本分布情况如表 4 – 2 所示。

表 4 – 2   预测试样本分布 (N = 186)

人口统计学变量	样本特征	人数(人)	百分比(%)	人口统计学变量	样本特征	人数(人)	百分比(%)
性别	68	36.6	68	职位	科研技术人员	24	12.8
	118	63.4	118		生产人员	20	10.8
年龄	18~30 岁	85	45.7		营销人员	31	16.7
	31~40 岁	76	40.9		一般行政人员	83	44.6
	41 岁及以上	25	13.4		各级主管	28	15.1
文化程度	大专以下	10	5.4	行业	电子信息	18	9.7
	大专	62	33.3		钢铁和机械制造	20	10.8
	本科	112	60.2		金融	57	30.6
	研究生	2	1.1		建筑和房地产	27	14.5
工作年限	3 年以下	82	44.0		医药化工	16	8.6
	3~5 年	44	23.7		商业服务	22	11.8
	6~10 年	29	15.6		农林牧渔	10	5.4
	11 年及以上	31	16.7		其他	16	8.6
单位性质	国有企业	70	37.6				
	民营企业	82	44.1				
	外资、合资企业	19	10.2				
	其他	15	8.1				

4.5.2 信度分析

本研究运用 SPSS22.0 对初始问卷数据进行信度计算，采用克朗巴哈系数（Cronbach's α）作为评价标准，考察删除某项题目后分量表 α 的变化，如明显增加表示该题目与其他题目相关程度较低，考虑将其删除（如表4-3所示）。

表 4-3   问卷初步信度分析

分量表	题目	删除该题目后 α	分量表总体 α
独特性（DI）	q1 本单位人力资源部门能够采取恰当的行动，以满足员工的需要	0.788	0.830
	q2 单位的人力资源部门能够为组织带来较高的附加价值	0.803	
	q3 总的来说，公司的人力资源员工能够获得其他员工的充分肯定	0.813	
	q4 单位所实施的人力资源实践措施是相互配套的	0.788	
	q5 人力资源部门提出的许多实践措施是无用的	0.816	
	q6 单位员工经常怀疑某些人力资源实践的有效性	×	
	q7 在本单位中，人力资源部门的实际运作很神秘	×	
	q8 员工被定期告知人力资源部门所采取的措施	0.818	
	q9 人力资源部的工作流程和运作方式很不透明	×	
	q10 在本单位中，哪些任务属于人力资源部门、哪些不属于，这是很清楚的	0.819	
一致性（C）	q11 单位的人力资源实践不会促进员工的激励	0.795	0.828
	q12 单位所实施的人力资源措施在理论上听起来不错，但在实践中没有用	×	
	q13 人力资源部门开发的评估过程，在实践中并没有产生预期效果	0.790	
	q14 人力资源管理措施的预期效果与实际结果之间有很大的差距	0.800	
	q15 在积极改变员工行为上，人力资源部门不成功	0.799	
	q16 单位的人力资源政策经常变化	0.825	
	q17 就同一管理目的而言，各种人力资源措施发送的信号不一致	0.814	
	q18 人力资源部门采取的连续性举措经常发生严重冲突	0.813	
	q19 在本单位中，人力资源部门的言行所传递的人力资源管理信息之间有明确的一致性	0.821	

续表

分量表	题目	删除该题目后 α	分量表总体 α
共识性（CN）	q20 人力资源管理和直线管理显然是协调一致的	0.635	0.728
	q21 单位的人力资源工作人员就管理员工的方式意见一致	0.699	
	q22 高层管理人员和人力资源管理部门共享相同的愿景	0.684	
	q23 在本单位中，管理层一致支持人力资源政策	0.679	
	q24 本单位的人力资源管理是建立在人力资源管理和直线管理相互协商的基础上	0.710	
工具性支持（IN）	q25 单位会尽力为我提供良好的工作环境和条件设施	0.665	0.748
	q26 单位会尽力为我提供工作所需的培训或相关支持	0.641	
	q27 单位会尽力为我提供工作所需的人员和资讯支持	0.684	
情感性支持（EM）	q28 单位尊重我的目标和价值观	0.920	0.925
	q29 当我在工作中遇到困难时，单位会帮助我	0.920	
	q30 单位会尽力为我解决生活和家庭的后顾之忧	0.915	
	q31 单位关心我的个人感受	0.912	
	q32 单位关心我的福利	0.914	
	q33 单位关心我的个人发展	0.914	
	q34 单位关心我的健康	0.917	0.925
	q35 单位会原谅我的无心之过	0.922	
	q36 单位尊重我的意见	0.917	
	q37 单位重视我的贡献	0.919	
活力（VI）	q38 在工作中，我感到自己迸发出能量	0.778	0.808
	q39 工作时我感到自己强大并且充满精力	0.759	
	q40 早上一起床，我就想要去工作	0.793	
	q41 我可以一次连续工作很长时间	0.779	
	q42 工作时，即使感到精神疲劳，我也能够很快地恢复	0.777	
	q43 在工作中，即使事情进展不顺利，我也总能够锲而不舍	0.784	

续表

分量表	题目	删除该题目后 α	分量表总体 α
奉献（DE）	q44 我对工作富有热情	0.731	0.782
	q45 工作激发了我的灵感	0.729	
	q46 我为自己所从事的工作感到自豪	0.671	
	q47 对我来说，我的工作是具有挑战性的	0.776	

从表 4 – 3 可见，如果删除题目 q6、q7、q9、q12 后，各分量表信度增加，表明这些题目与其他题目和分量表整体相关度较低，应当将其删除。内部一致性系数 α 达到多少，才能表示测验的分数是可靠的。亨森（Henson，2001）认为，以基础研究为目的时，信度系数最好在 0.80 以上。利格（Log，2001）发现，内部一致性一般可接受数值为 0.80；当标准化测验分数作为重要的教育决策时，则系数至少为 0.90 以上。而农纳利（Nunnally，1978）和德维利斯（DeVeilis，1991）认为 α 在 0.7 以上是可以接受的最小信度值。盖伊（Gay，1992）认为 α 在 0.9 表示信度较高，他们认为可接受的最小信度系数应当为 0.7。本研究采纳多数学者的观点，以 0.7 作为最低可以接受信度。从表 4 – 3 可知，人力资源管理强度、组织支持感、员工敬业度各维度克朗巴哈系数（Cronbach's α）的值均在 0.72 以上，量表具有良好的内部一致性信度。

4.5.3　效度分析

由于本研究所使用的量表是以国外成熟量表为基础修订后得到的，故有一定的内容效度。但是国外研究以西方国家员工为对象，中西方文化差异肯定会影响到员工对概念的主观感知及判断，因此需要对量表的结构效度进行验证。结构效度探讨了变量各维度间的关系，包含聚合效度和区分效度。采用探索性因子分析来判断聚合效度和区分效度，当每一题目在其所属的主成分中因素负荷越接近 1 表示聚合效度越高，在其不属于的主成分中因素负荷越接近 0 表示区分效度越高。在进行因子分析之前先进行 KBO 和 Bartlett 球形检验，KBO 代表 Kaiser – Meyer – Olkin 抽样适当性，KBO 值越接近 1，表示题目间共同因素越多，越适合进行因子分析，凯泽（Kaiser，1974）认为当 KBO 小于 0.5 时，不适宜进行因子分析，Bartlett 球形检验的 χ^2 显著表示各题目间存在共同因素，适合进行因子分析。

1. 人力资源管理强度主成分分析

对删减题目后的人力资源管理强度进行因子分析，首先进行 KBO 测量和 Bartlett 球形检验，KBO 为 0.896，χ^2 为 933.32（自由度为 91），显著性水平为 0.000，表示各题目间有共同因素存在，适合进行因子分析。

采用 SPSS22.0，通过主成分分析法（principal components）进行因子提取，按照凯泽（Kaiser）原则，提取特征值（eigenvalue）大于 1 的因子，并做斜交旋转。结果如表 4 – 4 所示。科米里（Comrey，1973）指出，因子载荷大于 0.71 时，各题目间有 50% 的共同方差，此时属于完美情况；大于 0.63，各题目间有 40% 的共同方差，此时属于很好；大于 0.55，有 30% 的共同方差，表明较好；大于 0.45，有 20% 的共同方差，被认为可以接受；小于 0.32，共同方差只有 10%，极不理想。因此，本研究以 0.45 为标准，接受在一个因子上载荷大于 0.5 而在其他因子上载荷小于 0.32 的题目，如果题目在所有因子载荷均小于 0.45，或在两个或两个以上的因子载荷大于 0.32，或题目间因子载荷较为接近就予以删除。

表 4 – 4 　　　　　预测试人力资源管理强度各因子及因子负荷

项目	因子		
	1	2	3
q2	0.891	− 0.175	0.009
q8	0.701	0.188	0.030
q4	0.656	0.019	0.041
q5	0.578	0.270	− 0.078
q10	0.505	0.226	− 0.045
q17	− 0.031	0.770	− 0.006
q18	− 0.073	0.748	0.065

续表

项目	因子		
	1	2	3
q19	0.139	0.696	− 0.015
q13	0.221	0.644	− 0.024
q14	− 0.148	0.543	0.271
q23	− 0.156	0.000	0.798
q24	0.288	− 0.304	0.720
q20	− 0.023	0.205	0.689
q22	0.208	− 0.001	0.603
特征值	3.866	2.731	1.823
解释变异量（共60.142%）	27.614	19.507	13.021

从表 4 – 4 可见，特征值大于 1 的因子有 3 个，共解释了 60.142% 的变异量。删减 q1、q3、q6、q7、q9、q11、q12、q15、q16、q21 题目，剩余题目划分为三个维度，即独特性、一致性、共识性，其中独特性包含 5 个题目，一致性包含 5 个题目，共识性包含 4 个题目。结果表明我国企业员工对人力资源管理强度内在结构感知与西方文化下员工基本相同，人力资源管理强度结构与理论构想基本一致。

2. 组织支持感主成分分析

对删减题目后的组织支持感进行因子分析，首先进行 KBO 测量和 Bartlett 球形检验，KBO 为 0.889，χ^2 为 810.64（自由度为 28），显著性水平为 0.000，表示各题目间共享因素，适合进行因子分析。采用主成分分析法，提取特征值大于 1 的因子，并做斜交旋转。结果如表 4 – 5 所示。

从表 4 – 5 可见，特征根大于 1 的因子有 2 个，分别为情感性支持和工具性支持，共解释了 69.563% 的变异量。删减 q28、q29、q33、q35、q36 题目，剩余题目划分为两个维度，即情感性支持、工具性支持，其中情感性支持包含 5 个题目，工具性支持包含 3 个题目。组织支持感的结构与理论构想一致。

表 4 - 5   预测试组织支持感各因子及因子负荷

项目	因子	
	1	2
q30	0.974	- 0.181
q37	0.859	- 0.058
q34	0.788	0.028
q32	0.744	0.148
q31	0.677	0.222
q25	- 0.117	0.957
q26	0.060	0.791
q27	0.246	0.499
特征根	3.189	2.376
解释变异量（共 69.563%）	39.863	29.700

3. 员工敬业度主成分分析

对修订后的员工敬业度量表进行因子分析，首先进行 KBO 测量和 Bartlett 球形检验，KBO 为 0.895，χ^2 为 646.32 （自由度为 36），显著性水平为 0.000，表示各题目间共享因素，适合进行因子分析。采用主成分分析法，提取特征值大于 1 的因子，并做斜交旋转。结果如表 4 - 6 所示。

表 4 - 6   预测试员工敬业度各因子及因子载荷

项目	因子	
	1	2
q47	0.989	- 0.241
q45	0.831	0.083
q44	0.689	0.202
q46	0.688	0.148
q39	- 0.280	0.958

续表

项目	因子	
	1	2
q41	0.112	0.674
q40	0.123	0.601
q42	0.201	0.577
q43	0.244	0.486
特征值	3.406	2.059
解释变异量（共60.722%）	37.844	22.878

如表4-6所示，特征值大于1的因子有2个，分别为奉献、活力，共解释了60.722%的变异量，其中奉献因子解释了37.844%的变异量，活力因子解释了22.878%的变异量。删除q38题目后，奉献维度包含4个题目，活力维度包含5个题目。敬业度的2维度结构与理论构想一致。

4.6 本章小结

本章首先对研究样本、数据收集、测量工具情况进行了说明；然后对人力资源管理强度、组织支持感、员工敬业度进行了操作化定义，明确了测量工具以及数据分析方法；最后通过预测试对研究工具（量表）的信度、效度进行了检验。根据检验结果，结合我国情况修订了初始问卷，为下一步的正式测试奠定了基础。

| 第 5 章 |

研究结果及分析

　　本章要处理和分析正式问卷数据，以验证研究假设、得出结论。所使用的分析软件主要是 SPSS22.0 和 AMOS21.0，前者主要用于正式问卷的信度及效度分析，人口统计学变量对人力资源管理强度、组织支持感以及员工敬业度各维度影响，人力资源管理强度对组织支持感以及员工敬业度的回归分析，组织支持感对员工敬业度的回归分析以及组织支持感的中介作用分析；后者主要用于对各变量结构进行验证性因子分析。

5.1　正式调查问卷的信度和效度分析

　　在上一章中本研究对所采用的问卷进行了初步的信度和效度检验，删除了部分题目，在正式测量中，仍然要对问卷进行信度和效度的检验。正式测量的信度、效度检验针对人力资源管理强度量表、组织支持感量表、敬业度量表进行。与预测试相同，信度分析选择了内部一致性信度 α，效度分析通过主成分分析法对各变量的聚合效度和区分效度进行分析，并通过结构方程模型进行验证性因子分析，用以确定各变量的结构维度。

5.1.1　人力资源管理强度正式测量的信度、效度分析

　　通过主成分分析法进行聚合效度和区分效度的检验，以确定人力资源管

理强度的内在结构。首先，进行 KBO 测量和 Bartlett 球形检验，KBO 为 0.896，χ^2 为 1455.70（自由度为 91），显著性水平为 0.000，表示人力资源管理强度各题目间共享因素，适合进行因子分析。采取主成分分析法，抽取特征值大于 1 的因子并做斜交旋转，产生 3 个因子，各题目所属因子与预测试相同，分别为独特性、一致性和共识性，共解释了 61.475% 的变异量。其中，独特性解释 26.826% 的变异量，一致性解释了 18.883% 的变异量，共识性解释了 15.766% 的变异量。3 因素模型各题目在因素上的负荷量均达到 0.5 可接受标准，显示出较好的聚合效度和区分效度。

为了确定最优模型，采用 AMOS21.0 对 3 因素模型进行拟合，并比较其拟合指标（如表 5 - 1 所示）。在拟合指数选取上，Marsh 等将指数分成三大类：第一类是绝对指数（absolute index），以往研究中常用的为 χ^2、RMR、GFI、AGFI、RMAEA、ECVI、NCP 等。由于 χ^2 受到自由度和样本量影响较大，本研究选取了卡方自由度比（χ^2/df），卡方自由度比值越小，表示假设模型的协方差矩阵与观察数据越适配，即模型拟合效果越好。一般而言，χ^2/df 小于 2 时，表示假设模型的适配度较佳（Carmines et al，1981），卡方自由度比值介于 1 ~ 3 表示模型与样本数据的拟合度可以接受。还选取了 GFI 和 RMSEA，GFI 为适配度指数，用来表示假设模型协方差可以解释观察数据协方差的程度，取值在 0 ~ 1 之间，越接近 1 表示模型拟合越好，一般的判别标准为 GFI 值大于 0.90；RMSEA 为渐进残差均方和平方根，其值越小，表示模型的拟合度越好，一般而言，RMSEA 低于 0.05 表示非常好的拟合，在 0.05 ~ 0.08 之间表示模型拟合尚可，RMSEA 数值等于 0.08 是模型拟合度可以接受的门槛（McDonal & Ho，2002）。

第二类指数是相对指数（relative index），常用的有 NFI 和 CFI，前者表示理论模型的卡方在中心卡方分布下的期望，后者表示理论模型在非中心卡方分布下的期望。NFI 和 CFI 的取值均在 0 ~ 1 之间，越接近 1 表示模型拟合越好，一般采取大于 0.9。

第三类指数是简约指数（parsimony index），用以惩罚复杂模型（即自由度少的模型）。本书选择了 AGFI，表示用模型自由度和参数数目来调整 GFI，一般以大于 0.9 表示模型拟合较好。

表 5 - 1　　　　　　　人力资源管理强度验证性因子分析 （N = 676）

模型	χ^2/df	GFI	AGFI	NFI	CFI	RMSEA
人力资源管理强度 3 因素模型	1. 186	0. 965	0. 949	0. 943	0. 990	0. 024

从表 5 - 1 可见，人力资源管理强度的 3 因素模型，χ^2/df 小于 2. 0，表示假设模型与样本数据的拟合度较好。GFI、AGFI 分别为 0. 965 和 0. 949，均大于 0. 9；NFI、CFI 分别为 0. 943、0. 990，均大于 0. 9；RMSEA 为 0. 024，低于 0. 05。验证性因子分析显示人力资源管理强度的 3 因素模型为可接受模型，即将人力资源管理强度划分为独特性、一致性和共识性 3 个维度，与国外研究的维度划分一致，说明我国企业员工对人力资源管理强度的感知具有与西方员工一致的结构。

对人力资源管理强度 3 因素模型进行内部一致性信度分析，分别分析人力资源管理强度总量表以及独特性、一致性和共识性分量表。结果如表 5 - 2 所示。

表 5 - 2　　　人力资源管理强度总量表及分量表内部一致性系数 （N = 676）

量表	Cronbach α	题目数
人力资源管理强度 （总表）	0. 864	14
独特性	0. 772	5
一致性	0. 772	5
共识性	0. 741	4

从表 5 - 2 可见，人力资源管理强度总表共 14 个题目，其中独特性分量表 5 个题目，一致性分量表 5 个题目，共识性分量表 4 个题目，内部一致性系数均在 0. 7 以上，说明人力资源管理强度量表具有良好的信度，量表的可靠性和稳定性令人满意。

5.1.2　组织支持感正式测量的信度、效度分析

通过主成分分析法对组织支持感量表进行检验。首先进行 KBO 测量和

Bartlett 球形检验，KBO 为 0.900，χ^2 为 1367.336（自由度为 28），显著性水平为 0.000，表示组织支持感各题目间共享因素，适合进行因子分析。当采取主成分分析法，抽取特征值大于 1 的因子并做斜交旋转时，产生 2 个因子，分别为情感性支持和工具性支持，各题目所属因子与预测试相同。2 个因素共解释了 68.377% 的变异量。其中，情感性支持解释了 39.173% 的变异量，工具性支持解释了 29.204% 的变异量。组织支持感 2 因素模型中各题目在因素上的负荷量均达到 0.5 可接受标准，均显示出较好的聚合效度和区分效度。

采用验证性因子分析检验组织支持感 2 因素模型与实际数据的拟合程度，如表 5 - 3 所示。

表 5 - 3　　　　　　组织支持感验证性因子分析（N = 676）

模型	χ^2/df	GFI	AGFI	NFI	CFI	RMSEA
组织支持感 2 因素模型	2.361	0.973	0.940	0.973	0.984	0.064

验证性因子分析显示，组织支持感 χ^2/df 为 2.361，在 2.0 ~ 3.0 之间，GFI、AGFI、NFI、CFI 均达到 0.9 最低要求，RMSEA 为 0.064，达到低于 0.08 的要求，显示情感性支持和工具性支持是相互独立的两个维度，组织支持感 2 因素模型具有较好的结构效度。

对组织支持感模型进行内部一致性信度分析，分别分析组织支持感总量表以及情感性支持分量表和工具性支持分量表。结果如表 5 - 4 所示。

表 5 - 4　　　　组织支持感总量表及分量表内部一致性系数（N = 676）

量表	Cronbach α	题目数
组织支持感（总表）	0.896	8
情感性支持	0.886	5
工具性支持	0.711	3

表 5 - 4 显示，组织支持感总表共 8 个题目，其中情感性支持分量 5 个题目，工具性支持分量表 3 个题目，内部一致性系数均在 0.7 以上，说明组织支持感量表信度良好，可靠性和稳定性令人满意。

5.1.3 员工敬业度正式测量的信度、效度分析

通过主成分分析法对删除题目后的敬业度量表进行检验，以确定员工敬业度的具体结构。首先进行 KBO 测量和 Bartlett 球形检验，KBO 为 0.909，χ^2 为 1291.007（自由度为 45），显著性水平为 0.000，表示员工敬业度各题目间共享因素，适合进行因子分析。采取主成分分析法，抽取特征值大于 1 的因子并做斜交旋转，产生 2 个因子，各题目所属因子与预测试相同，分别为奉献和活力 2 个维度。2 个因子共解释了 60.048% 的变异量。其中，奉献解释了 38.109% 的变异量，活力解释了 21.939% 的变异量。2 因素模型中各题目在因素上的负荷量均达到 0.5 可接受标准，均显示出较好的聚合效度和区分效度。

采用验证性因子分析检验员工敬业度 2 因素模型与实际数据的拟合程度，如表 5 - 5 所示。

表 5 - 5　　　　员工敬业度验证性因子分析（N = 676）

模型	χ^2/df	GFI	AGFI	NFI	CFI	RMSEA
员工敬业度 2 因素模型	1.778	0.972	0.950	0.959	0.981	0.048

验证性因子分析显示，敬业度 χ^2/df 为 1.778，小于 2.0；GFI、AGFI、NFI、CFI 均达到 0.9 最低要求，RMSEA 为 0.048，低于 0.05；这些显示奉献和活力是两个相互独立的维度，员工敬业度 2 因素模型具有较好的结构效度。

对员工敬业度 2 因素模型进行内部一致性信度分析，分别分析员工敬业度总量表以及奉献、活力分量表。结果如表 5 - 6 所示。

表 5 - 6　　　员工敬业度总量表及分量表内部一致性系数（N = 676）

量表	Cronbach α	题目数
敬业度（总表）	0.860	9
奉献	0.832	4
活力	0.762	5

表 5-6 显示，员工敬业度总量表共 9 个题目，其中奉献分量表 4 个题目，活力分量 5 个题目，内部一致性系数均在 0.7 以上，说明敬业度量表的可靠性和稳定性令人满意。

综上，本研究所采用的问卷中，人力资源管理强度、组织支持感、员工敬业度总表及各分量表内部一致性系数均达到 0.7 以上，而通过主成分分析法验证了各量表的聚合效度和区分效度，验证性因子分析显示各量表均具有较好的结构效度。上述分析表明本文所用研究工具质量良好。

5.2 共同方法偏差检验

由于本研究所收集的数据全部来自于员工填写问卷的自我报告，因此可能会存在由此所造成的预测变量与效标变量之间人为的共变，即共同方法偏差。这种人为的共变会影响到结论的正确性。

在本研究中，程序控制主要采取了强调作答的匿名性、合理使用指导语、随机排列各题目、加入反向问题、不标明所测变量及对敬业度采用 7 点量表等措施。一般研究中，共同方法偏差都难以通过程序控制方法完全消除，本书也不例外。因此，为了进一步检验和控制同源方差的影响，使之不会影响到后续的回归分析结果，本研究运用统计的方法对数据进行了分析。本书选择哈曼（Harman）单因素检验的方法。该方法的基本思路如下：首先进行因素分析，其次观察其结果：如果变量变异全部由一个因子解释或者大部分变量变异被一个因子所解释，此时就可以认定共同方法造成的变异大量存在，结论不准确；如果变量变异被多个因子所解释，则共同方法偏差较小，对结论不会产生实质性影响。传统的做法是进行探索性因素分析，不经过旋转，确定公因子的数量。如果只出现一个公因子或者有多个公因子但其中一个所解释变异比重非常大，那么可以认定共同方法偏差严重。现在一般采用验证性因素分析，假设公因子数目为 1，即假设"单一因素解释了所有的变异"，运用结构方程技术对上述假设进行精确的检验（周浩等，2004）。

在表 5-7 中，本研究给出单因素模型，假设单一因子解释了所有变量变异，经由 AMOS21.0 软件计算，该模型各指标均未达到可接受水平，这表明本研究无严重的共同方法变异。

表 5 - 7　　　　　　　　共同方法偏差检验结果（N = 676）

模型	χ^2/df	GFI	AGFI	NFI	CFI	RMSEA
单因素模型	4.632	0.641	0.590	0.599	0.653	0.104

5.3　描述性统计分析

　　首先对正式调查获取的样本数据进行正态性检验（如表 5 - 8 所示），采取偏度指标和峰度指标，绝对值越接近 0 越符合正态分布。克莱恩（Kline，1998）认为，当偏度绝对值小于 3，峰度绝对值小于 10 时，表明样本基本服从正态分布。表 5 - 8 显示，各观测变量的峰度和偏度都在允许范围以内，数据满足正态分布，可以进行统计分析。

表 5 - 8　　　　　　　　观测变量偏度峰度检验（N = 676）

观测变量	平均值	标准值	偏度		峰度	
			统计值	标准差	统计值	标准差
DI1	3.50	1.119	− 0.776	0.196	− 0.456	0.289
DI2	3.46	1.111	− 0.259	0.196	− 0.500	0.289
DI3	3.45	1.915	0.742	0.196	− 1.091	0.289
DI4	3.38	1.043	0.227	0.196	− 0.699	0.289
DI5	3.52	1.083	− 0.343	0.196	− 0.678	0.289
C1	3.12	1.147	0.157	0.196	− 0.762	0.289
C2	3.14	1.173	0.050	0.196	− 0.911	0.289
C3	3.40	1.145	− 0.085	0.196	− 1.094	0.289
C4	3.62	1.119	− 0.571	0.196	− 0.212	0.289
C5	3.61	0.982	− 0.738	0.196	0.442	0.289
CS1	3.50	1.030	− 0.377	0.196	− 0.353	0.289

续表

观测变量	平均值	标准值	偏度		峰度	
			统计值	标准差	统计值	标准差
CS2	3.63	1.082	− 0.463	0.196	− 0.417	0.289
CS3	3.77	1.027	− 0.537	0.196	− 0.016	0.289
CS4	3.80	1.123	− 0.455	0.196	− 0.438	0.289
IN1	3.58	1.151	− 0.607	0.196	− 0.442	0.289
IN2	3.41	1.174	− 0.497	0.196	− 0.609	0.289
IN3	3.41	1.053	− 0.360	0.196	− 0.578	0.289
EM1	2.95	1.142	0.128	0.196	− 0.790	0.289
EM2	3.08	1.122	− 0.080	0.196	− 0.837	0.289
EM3	3.09	1.233	− 0.036	0.196	− 1.116	0.289
EM4	3.24	1.166	− 0.245	0.196	− 0.899	0.289
EM5	3.45	0.992	− 0.435	0.196	− 0.294	0.289
DE1	4.13	1.182	0.515	0.196	− 0.678	0.289
DE2	3.92	1.385	0.269	0.196	− 0.545	0.289
DE3	4.17	1.506	− 0.396	0.196	− 0.496	0.289
DE4	3.98	1.445	− 0.161	0.196	− 0.492	0.289
VI1	4.21	1.245	0.066	0.196	− 0.473	0.289
VI2	3.23	1.499	− 0.348	0.196	− 0.199	0.289
VI3	4.13	1.399	− 0.066	0.196	− 0.655	0.289
VI4	3.91	1.391	− 0.274	0.196	− 0.472	0.289
VI5	4.06	1.358	0.176	0.196	− 0.694	0.289

5.4 相关性分析

各变量的相关性统计分析结果如表 5 - 9 所示。由表 5 - 9 可知，人力资源管理强度的独特性维度与员工敬业度的奉献维度（见表 5 - 9，R = 0.45，P < 0.01）、活力维度（R = 0.42，P < 0.01）均显著正相关，一致性与奉献

表 5 - 9　变量的均值、标准差和相关系数（N＝676）

变量	M	SD	1	2	3	4	5	6	7	8	9	10	11	12	13	14
1	1.65	0.48	1													
2	1.39	0.61	-0.11*	1												
3	2.64	0.59	0.09	-0.16**	1											
4	1.76	0.97	-0.04	0.56**	-0.06	1										
5	1.83	0.92	0.18**	-0.19**	0.03	-0.16**	1									
6	3.50	1.31	-0.03	-0.13*	-0.05	-0.12*	-0.18*	1								
7	3.57	1.04	0.22**	0.17**	0.08	0.04	0.09	-0.12*	1							
8	3.46	0.76	-0.07	-0.01	-0.08	-0.03	-0.18**	-0.08	-0.01	1						
9	3.27	0.80	0.01	-0.04	0.01	-0.03	-0.14**	-0.01	0.05	0.48**	1					
10	3.43	0.81	-0.10	-0.04	-0.09	0.01	-0.14**	0.01	-0.09	0.64**	0.45**	1				
11	3.15	0.95	-0.15**	0.03	0.03	-0.02	-0.23**	-0.00	0.10	0.53**	0.43**	0.50**	1			
12	3.52	0.96	-0.06	0.05	-0.05	0.10	-0.25**	-0.07	0.02	0.52**	0.34**	0.52**	0.61**	1		
13	3.80	1.13	-0.06	0.01	0.01	-0.02	-0.19**	-0.08	0.01	0.45**	0.29**	0.39**	0.47**	0.41**	1	
14	3.43	1.03	-0.12*	0.02	-0.03	0.03	-0.16**	-0.08	-0.05	0.42**	0.21**	0.40**	0.42**	0.38**	0.63**	1

注：1 性别；2 年龄；3 文化程度；4 工龄；5 单位性质；6 行业；7 职位；8 独特性；9 一致性；10 共识性；11 情感性支持；12 工具性支持；13 奉献；14 活力。**表示在0.01 水平下显著；*表示在0.05 水平下显著（均为双尾检验）。

（R＝0.29，P＜0.01）、活力（R＝0.21，P＜0.01）均显著正相关，共识性与奉献（R＝0.39，P＜0.01）、活力（R＝0.40，P＜0.01）也显著正相关，即人力资源管理强度各维度与员工敬业度各维度显著正相关。独特性与情感性支持（R＝0.53，P＜0.01）、工具性支持（R＝0.52，P＜0.01）均显著正相关，一致性与情感性支持（R＝0.43，P＜0.01）、工具性支持（R＝0.34，P＜0.01）均显著正相关，共识性与情感性支持（R＝0.50，P＜0.01）、工具性支持（R＝0.52，P＜0.01）也显著正相关。情感性支持与奉献（R＝0.47，P＜0.01）、活力（R＝0.42，P＜0.01）均显著正相关，工具性支持与奉献（R＝0.41，P＜0.01）、活力（R＝0.38，P＜0.01）也显著正相关。这为人力资源管理强度、组织支持感、员工敬业度之间的进一步分析提供了基础。控制变量年龄、工龄、文化程度、行业及职位与人力资源管理强度、组织支持感、员工敬业度不相关，因此，后续的回归分析将删除这些变量。

5.5　人口统计学变量对各变量的影响

　　员工在工作场所对人力资源管理强度、组织支持情况的感知，以及所表现的工作状态不仅受到外在环境影响，还受到个体因素影响，因此本部分分别考察了不同性别、年龄、文化程度、工作年限、单位性质、行业及职位的员工在人力资源管理强度、组织支持感、员工敬业度各维度上的差异性。

5.5.1　性别对各变量的影响

　　性别作为二分变量，通过 SPSS22.0 进行独立样本 T 检验，检验男性与女性员工在各变量上有无显著性差异。首先进行 Levene 方差齐性检验。检验结果显示 F 值大于 0.05 显著性水平，表示方差齐性（具体数据略）。性别对各变量的影响检验详见表 5－10。

表 5-10   人力资源管理强度等变量的性别差异（N=676）

变量	男（N=238）	女（N=438）	t 值	Sig.
DI	3.5244	3.4201	1.211	0.227
C	3.2555	3.2767	-0.232	0.817
CN	3.5399	3.3756	1.788	0.075
EM	**3.3361**	**3.0411**	**2.764**	**0.006 ****
IN	3.5574	3.4505	1.062	0.289
DE	3.8824	3.7534	1.006	0.315
VI	**3.5916**	**3.3416**	**2.141**	**0.033 ***

注：DI=独特性；C=一致性；CN=共识性；EM=情感性支持；IN=工具性支持；DE=奉献；VI=活力。*** 表示在 0.001 水平下显著；** 表示在 0.01 水平下显著；* 表示在 0.05 水平下显著（均为双尾检验）。

从表 5-10 可知，在人力资源管理强度各维度、组织支持感的工具性支持维度以及敬业度的奉献维度方面，男性员工与女性员工均不存在显著性差异，在组织支持感的情感性支持维度及敬业的活力维度上男性显著大于女性。

男性员工在情感性支持方面的得分显著高于女性员工，可能是由于受我国传统文化的影响，男性在职业生涯上有先天的优势，因此在组织中比女性处于更加优越的位置，受到组织的更多照顾，也更能感知到组织的付出；而女性作为弱势群体，职业生涯易出现中断情况，在组织中处于相对不利的位置，因此组织的给付相对较少，自身对此的感知也较低。

资源保留理论可能解释男女员工在活力上的差异。该理论认为个体具有获取和保留资源的动机，当员工将心理和体力资源投入工作中，将会影响员工对家庭的投入和角色的承担。而女性一般在家庭中比男性承担更多责任。由于个体资源的有限性，女性将会因为对家庭的投入而削弱工作上的投入，因此女性活力水平比男性相对较低。此外，上述分析结果也显示男性与女性员工在敬业度上的差异主要存在于行为层面，而在认知方面（奉献）无显著性差异。

5.5.2 年龄、工龄、文化程度、行业及职位对各变量的影响

运用 SPSS 进行单因素方差分析（one-way ANOVA），检验各变量在年龄、

工龄、行业及职位上有无显著性差异。由于"大专以下"及"研究生"样本量过少（低于10%），为了准确说明样本之间的差异，分别将上述样本予以合并，"大专以下"并入"大专"，"研究生"并入"本科"，因此对文化程度进行独立样本T检验。结果显示，不同年龄、工龄、文化程度、行业及职位的员工在人力资源管理强度、组织支持感以及员工敬业度等变量的各维度上，均不存在显著性差异（具体结果略）。

5.5.3 单位性质对各变量的影响

通过 SPSS 进行单因素方差分析（one-way ANOVA），检验各变量在单位性质上有无显著性差异。结果如表 5–11 所示。

表 5–11　　人力资源管理强度等变量在单位性质上的差异（N＝676）

变量	国有企业 N＝266	民营企业 N＝272	外资、合资企业 N＝68	其他 N＝70	F 值	Sig.
DI	3.706	3.226	3.657	3.320	11.378	0.000 ***
C	3.366	3.248	3.300	2.949	2.638	0.051
CN	3.629	3.257	3.679	3.271	6.281	0.000 ***
EM	3.469	2.901	3.110	2.851	10.853	0.000 ***
IN	3.781	3.279	3.738	3.067	12.083	0.000 ***
DE	4.072	3.630	3.732	3.414	5.486	0.001 **
VI	3.688	3.229	3.329	3.251	5.446	0.001 **

注：同表 5–10。

从表 5–11 可见，不同单位性质的员工在独特性、共识性、情感性支持、工具性支持、奉献以及活力上存在显著差异。其中，国有企业员工在独特性、情感性支持、工具性支持、奉献以及活力方面均显著高于民营企业和外资企业。这可能是由于相对于民营企业，国有企业的管理日益规范，对人才也更加重视，经济实力雄厚，得以开展大量的尊重员工贡献的人力资源开发与管理工作。再加上国有企业崇尚集体主义、人际和谐的文化特征，因此，员工的人力资源管理强度、组织支持感及敬业度的感知要高于民营企业。外资企业特别强调个人能力、效率以及按时高质量的完成绩效，工作压力相对较大，员工自然在组织支持感及敬业度的感知上低于国有企业。此外，表 5-11 反映出外企员工感知到人力资源管理系统的共识性水平最高，这说明外资企业更加注重主要决策制定者（如高管、人力总监及直线经理）之间在人力资源管理方面的协商一致，从某种程度上反映出人力资源管理的战略性地位。

综上所述，男女员工在组织支持感的情感性支持维度及敬业度的活力维度上存在显著性差异。前者可能是由于男性的职业优势导致其受到组织更多的照顾；后者可能是由于男性将精力更多地投入工作，而女性则投入到家庭。不同年龄、工龄、文化程度、行业及职位的员工在人力资源管理强度、组织支持及敬业度等变量的感知方面不存在显著差异。单位性质对员工感知到的独特性、共识性、情感性支持、工具性支持、奉献及活力具有显著影响，这可能与企业的组织文化、管理风格有关。

5.6　人力资源管理强度对组织支持感、员工敬业度回归分析

为了研究人力资源管理强度对组织支持感、员工敬业度作用的强度和方式，本文进行了多元线性回归分析。首先，在控制人口统计学变量前提下，以人力资源管理强度各维度为自变量，分别对员工敬业度各维度进行分层回归，验证人力资源管理强度对员工工作态度和行为的促进作用；进而，控制变量保持不变，以人力资源管理强度各维度为自变量，以组织支持感各维度为因变量，进行分层回归，检验人力资源管理强度对组织支持感的影响，为组织支持感中介作用的验证打下基础；接下来，控制人口统计学变量，以组织支持感为自变量，以员工敬业度为因变量，检验组织支持理论中关于组织支持感对结果变量的促进作用；最后，对组织支持感的作用进行回归分析，检验其中介作用的方式和程度。

5.6.1　人力资源管理强度对员工敬业度的回归分析

为了研究人力资源管理强度对敬业度的作用，以独特性、一致性、共识性为自变量，奉献、活力为因变量进行多元线性回归分析，以性别、单位性质作为控制变量，因为这些变量为名义、有序变量，所以将其转换为虚拟变量①引入回归方程，采用强迫进入法（enter），分为 2 步将变量引入回归方程，首先为人口统计学控制变量，第二步引入人力资源管理强度的 3 个维度，考察回归方程的显著度、回归系数的显著度。

首先，以奉献维度为因变量进行回归分析。在回归分析之前，进行了残差独立性检验和共线性诊断。根据杜宾 – 瓦特森（Durbin – Watson）值，检验回归模型的残差项是否存在相关。杜宾 – 瓦特森（Durbin – Watson）检验值为 1.819，接近于 2，说明残差与自变量相互独立。依据容忍度（tolerance）和方差膨胀因子（VIF）来判断多元线性回归方程是否存在共线性问题。容忍度在 0.330 ~ 0.738 之间，远大于 0.01。方差膨胀因子除单位性质外均小于 2（Org1 和 Org2 两个虚拟变量的方差膨胀因子分别为 3 和 3.03），远低于临界值 10，基本不存在多重共线性问题。

从表 5 – 12 可见，当仅引入人口变量时，回归方程解释了 4.7% 的变异量，解释力较弱，但回归效果已达显著水平；系数估计的结果指出，国有企业的影响达到显著性，β 系数为 0.289（P = 0.002 < 0.01），表明与其他企业相比，国有企业的员工更具有奉献精神；在第二步，以人口变量为控制变量，引入人力资源管理强度三维度后，回归方程显著，自变量共解释了 23.7% 的变异量，回归方程 F 值显著增加，解释力增加，解释变异量增加了 19%，充分说明人力资源管理强度对于员工敬业度的奉献维度产生了显著的影响。具体而言，独特性、共识性都积极作用于奉献，其中以独特性对奉献的促进作用最强（β = 0.317，P = 0.000）；共识性的影响明显低于独特性，但也达到了显著性水平。一致性对奉献作用最弱，且没有通过显著性检验。上述结果

---

① 虚拟变量设置根据陈正昌提出的其个数为变量水平数减 1 个，性别按照男性与女性划分，采用虚拟变量 Sex1 表示；单位性质按照国企、民企、外企、其他划分，采用虚拟变量 Org1、Org2、Org3 表示。

表明，员工从情感上产生努力工作的认知主要来源于突出的、引人注意的人力资源管理系统（独特性）。此外，主要决策者之间就人力资源管理形成共识也对员工的情感认知产生了一定的影响。

表 5 – 12　人力资源管理强度对员工敬业度的奉献维度回归分析（N = 676）

项目		第一步			第二步		
		β	t	Sig.	β	t	Sig.
人口变量	Org1	0.289	3.159	0.002 **	0.163	1.945	0.053
	Org2	0.095	1.039	0.299	0.105	1.265	0.207
	Org3	0.056	0.911	0.363	0.009	0.155	0.877
人力资源管理强度	DI				0.317	4.746	0.000 ***
	C				0.058	1.018	0.309
	CS				0.144	2.251	0.025 *
模型摘要	R^2		0.047			0.237	
	F		5.486 **			17.115 ***	
	P		0.001			0.000	
	ΔR^2		0.047			0.190	
	ΔF		5.486			27.441	
	ΔP		0.001			0.000	

注：*** 表示在 0.001 水平下显著；** 表示在 0.01 水平下显著；* 表示在 0.05 水平下显著（均为双尾检验）。

其次，以活力维度为因变量进行回归分析。在分析之前，进行残差独立性检验和共线性诊断分析。杜宾 - 瓦特森（Durbin - Watson）检验值为 1.672，比较接近 2，表示残差序列基本不相关[①]。多重共线性诊断显示，容忍度（tolerance）取值在 0.325 ~ 0.939 之间，方差膨胀因子（VIF）除单位性质外均小于 2（Org1 和 Org2 两个虚拟变量的方差膨胀因子分别为 3.01 和 3.08），远低于临界值 10，基本不存在多重共线性问题。

----

① 陈正昌等（2005）指出，DW 值与 2 有点差距时，表示观察值间可能有自我相关的情形。由于不是时间数列资料，因此影响不大。

由表 5 - 13 可知，第一步，只引入人口变量时，回归方程仅解释了 5.2% 的变异量，回归效果虽然达显著水平，但解释力较弱；其中国有企业的 β 系数为 0.193（P = 0.037 < 0.05），表明与其他性质企业相比，国有企业的员工在工作上更有热情；第二步，以人口变量为控制变量，引入人力资源管理强度三维度后，回归方程更加显著，自变量共解释了 21.8% 的变异量，回归方程 F 值显著增加，解释力增加，解释变异量增加了 16.6%，这表明人力资源管理强度对于员工敬业度的活力维度产生了重要影响。从第二步分析可见，活力维度受到独特性、共识性的共同作用，其中独特性与共识性的促进作用程度相差不大（$\beta_\text{独} = 0.268$，$\beta_\text{共} = 0.219$），这说明突出的、引人注意的人力资源管理系统（独特性），以及主要决策者之间就人力资源管理形成共识（共识性），共同激发员工积极投身于工作中。

表 5 - 13　人力资源管理强度对员工敬业度的活力维度回归分析（N = 676）

项目		第一步			第二步		
		β	t	Sig.	β	t	Sig.
人口变量	Sex1	0.077	1.401	0.162	0.057	1.127	0.260
	Org1	0.193	2.092	0.037 *	0.089	1.038	0.300
	Org2	-0.013	-0.146	0.884	0.011	0.127	0.899
	Org3	0.021	0.337	0.736	-0.024	-0.424	0.672
人力资源管理强度	DI				0.268	3.950	0.000 ***
	C				0.027	0.464	0.643
	CS				0.219	3.357	0.001 **
模型摘要	R^2		0.052			0.218	
	F		4.587 **			13.131 ***	
	P		0.001			0.000	
	ΔR^2		0.052			0.166	
	ΔF		4.587			23.295	
	ΔP		0.001			0.000	

注：同表 5 - 12。

最后，以人力资源管理强度为自变量，以员工敬业度为因变量进行回归分析。在回归分析之前，进行残差相关性分析和共线性诊断。检验残差序列相关性的杜宾－瓦特森（Durbin－Watson）检验值（为 1.705）比较接近 2，表示残差序列基本不相关。多重共线性诊断显示，容忍度（tolerance）取值在 0.325~0.948 之间，方差膨胀因子（VIF）除单位性质外均小于 2（Org1 和 Org2 两个虚拟变量的方差膨胀因子分别为 3.074 和 2.941），远低于临界值 10，基本不存在多重共线性问题。

由表 5－14 可知，第一步，只引入人口变量时，回归方程仅解释了 5.9% 的变异量，回归效果虽然达显著水平，但解释力较弱；其中国有企业的 β 系数为 0.261（P＝0.005＜0.01），表明与其他性质企业相比，国有企业的员工在工作上更加积极主动；第二步，以人口变量为控制变量，引入人力资源管理强度后，回归方程更加显著，自变量共解释了 24.6% 的变异量，回归方程 F 值显著增加，解释力增加，解释变异量增加了 18.7%，而且 β 系数为 0.448（P＝0.000＜0.001），这表明人力资源管理强度对于员工敬业度产生了重要影响。第二步分析表明，人力资源管理强度越强，员工越能积极主动地从事工作。

表 5－14　　　　人力资源管理强度对员工敬业度的回归分析（N＝676）

项目		第一步			第二步		
		β	t	Sig.	β	t	Sig.
人口变量	Sex1	0.052	0.955	0.340	0.043	0.887	0.376
	Org1	0.261	2.846	0.005 **	0.131	1.574	0.117
	Org2	0.041	0.450	0.653	0.020	0.239	0.811
	Org3	0.042	0.679	0.498	－ 0.009	－ 0.160	0.873
人力资源管理强度	HRMS				0.448	9.092	0.000 ***

续表

项目		第一步			第二步		
		β	t	Sig.	β	t	Sig.
模型摘要	R^2		0.059			0.246	
	F		5.182***			21.697***	
	P		0.000			0.000	
	ΔR^2		0.059			0.187	
	ΔF		5.182***			82.671***	
	ΔP		0.000			0.000	

注：同表 5 – 12。

综上，由表 5 – 14 显示，人力资源管理强度与员工敬业度显著正相关，假设 H1 得到支持。依据表 5 – 12，人力资源管理强度的独特性、共识性维度分别与员工敬业度的奉献维度显著正相关，一致性与奉献之间的相关关系没有通过显著性检验，因此，假设 H1a、H1c 接受，假设 H1b 不能接受。依据表 5 – 13，人力资源管理强度的独特性、共识性维度分别与员工敬业度的活力维度显著正相关，一致性与活力之间的关系不显著，因此，假设 H1d、H1f 接受，假设 H1e 不能接受。

5.6.2 人力资源管理强度对组织支持感的回归分析

首先，以人口因素为控制变量，人力资源管理强度对组织支持感的情感性支持维度进行分层回归分析，探讨自变量对情感性支持的作用。采用强迫进入法（enter），第一步进入方程的为控制变量，第二步引入 3 个人力资源管理强度维度（见表 5 – 15）。在回归分析前，检验残差独立性的杜宾 – 瓦特森（Durbin – Watson）检验值为 1.836，非常接近 2，表示残差序列基本不相关。多重共线性诊断显示，容忍度（tolerance）取值在 0.325 ~ 0.939 之间，方差膨胀因子（VIF）除单位性质外均小于 2（Org1 和 Org2 两个虚拟变量的方差膨胀因子分别为 3.01 和 3.08），远低于临界值 10，基本不存在多重共线性问题。

表 5 - 15　　人力资源管理强度对组织支持感的情感性支持维度回归分析（N = 676）

项目		第一步			第二步		
		β	t	Sig.	β	t	Sig.
人口变量	Sex1	0.096	1.796	0.073	0.084	1.881	0.061
	Org1	0.302	3.362	0.001 **	0.144	1.891	0.060
	Org2	0.023	0.259	0.796	0.006	0.077	0.938
	Org3	0.060	0.990	0.323	− 0.002	− 0.040	0.968
人力资源管理强度	DI				0.257	4.257	0.000 ***
	C				0.192	2.278	0.028 *
	CS				0.213	3.672	0.000 ***
模型摘要	R^2		0.098			0.378	
	F		9.001 ***			28.669 ***	
	P		0.001			0.000	
	ΔR^2		0.098			0.281	
	ΔF		9.001			49.634	
	ΔP		0.000			0.000	

注：同表 5 - 12。

从表 5 - 15 可见，在第一步，当仅引入人口变量时，回归方程解释了 9.8% 的变异量，解释力较弱，但方程已达显著水平；系数估计的结果指出，国有企业的影响达到显著性，β 系数为 0.302（P = 0.001 < 0.01），表明与其他企业相比，国有企业的员工更能在情感上感知到组织给予的各方面支持；在第二步，以人口变量为控制变量，引入人力资源管理强度三维度后，回归方程显著，自变量共解释了 37.8% 的变异量，回归方程 F 值明显增大，解释变异量增加了 28.1%，说明模型中应当包含人力资源管理强度。具体而言，独特性、一致性、共识性都积极影响情感性支持，其中以独特性的作用力度最大（β = 0.257，P = 0.000），共识性次之（β = 0.213，P = 0.000），一致性影响最低（β = 0.192，P = 0.000）；三者都达到了显著性水平。这说明，高独特性、高一致性及高共识性的人力资源管理系统能够将人力资源管理信息有效传递给员工，促进员工充分感受到组织的关怀、尊重。

其次，对组织支持感的工具性支持维度进行分层回归分析，回归方式与之前相同（见表5-16）。残差独立性和共线性诊断的分析显示，杜宾-瓦特森（Durbin-Watson）检验值为1.929，非常接近2，表示残差与自变量相互独立。多重共线性诊断显示，容忍度（tolerance）取值在0.330~0.738之间，方差膨胀因子（VIF）除虚拟变量单位性质外均小于2（Org1和Org2两个虚拟变量的方差膨胀因子分别为3和3.03），远低于临界值10，基本不存在多重共线性问题。

从表5-16可见，以工具性支持进行回归时，当仅引入人口变量时，回归方程仅解释了9.1%的变异量，解释力较弱，但方程已达显著水平；系数估计结果显示，国有企业（β=0.406，P=0.000）、外资合资企业（β=0.139，P=0.022）的影响达到显著性，这说明国有企业及外企的员工更能获得组织给予的工作上各种支持；当引入人力资源管理强度三维度后，方程解释力和F值显著增加，自变量共解释了35.6%的变异量，解释变异量与之前相比增加了26.5%，说明人力资源管理强度对组织支持感的工具性支持有较大影响。就系数估计而言，与情感性支持相同，一致性对工具性支持的影响最弱，并且已经通过了显著性检验；独特性、共识性对工具性支持具有正向地显著影响，二者的作用力度基本相等（$β_独$=0.277，$β_共$=0.283），可以认为独特性与共识性对工具性支持的重要程度非常接近。这说明，人力资源管理强度高时，信息高效传递，员工得以有效感知人力资源管理，这为员工充分知觉到组织在工作上给予的帮助与支持创造了有利的条件。因此，突出且引人注意的、内部协调的人力资源管理系统（独特性、一致性），以及主要决策者之间在人力资源管理方面达成一致（共识性），能够促进员工在工作方面感受到组织的支持。

表5-16　人力资源管理强度对组织支持感的工具性支持维度回归分析（N=676）

项目		第一步			第二步		
		β	t	Sig.	β	t	Sig.
人口变量	Org1	0.406	4.539	0.000 ***	0.260	3.380	0.001 **
	Org2	0.140	1.568	0.118	0.150	1.959	0.051
	Org3	0.139	2.302	0.022 *	0.081	1.583	0.114

续表

项目		第一步			第二步		
		β	t	Sig.	β	t	Sig.
人力资源管理强度	DI				0.277	4.518	0.000 ***
	C				0.155	2.047	0.039 *
	CS				0.283	4.812	0.000 ***
模型摘要	R^2		0.091			0.356	
	F		11.196 ***			30.495 ***	
	P		0.000			0.000	
	ΔR^2		0.091			0.265	
	ΔF		11.196			45.335	
	ΔP		0.000			0.000	

注：同表 5 - 15。

最后，以人力资源管理强度为自变量，以组织支持感为因变量进行回归分析。在回归分析之前，进行残差相关性和共线性诊断分析。残差序列相关性的杜宾 - 瓦特森（Durbin - Watson）检验值为 1.870，非常接近 2，表示残差序列基本不相关。多重共线性诊断显示，容忍度（tolerance）取值在 0.330 ~ 0.934，方差膨胀因子（VIF）除单位性质外均小于 2（Org1 和 Org2 两个虚拟变量的方差膨胀因子分别为 3.027 和 2.940），远低于临界值 10，基本不存在多重共线性问题。

由表 5 - 17 可知，第一步，只引入人口变量时，回归方程仅解释了 11% 的变异量，回归方程显著，但解释力相对较弱；国有企业的 β 系数为 0.407（P = 0.000 < 0.001），表明与其他性质企业相比，国有企业的员工更能感受到组织给予的关怀及尊重；第二步，以人口变量为控制变量，引入人力资源管理强度后，回归方程更加显著，自变量共解释了 43.5% 的变异量，回归方程 F 值显著增加，解释力明显增加，方程所解释变异量增加了 32.5%，而且 β 系数为 0.591（P = 0.000 < 0.001），这表明人力资源管理强度对于员工组织支持感的产生具有非常重要的作用。

表5–17   人力资源管理强度对组织支持感的回归分析（N = 676）

项目		第一步			第二步		
		β	t	Sig.	β	t	Sig.
人口变量	Org1	0.407	4.597	0.000 ***	0.233	3.251	0.001 **
	Org2	0.093	1.054	0.293	0.065	0.916	0.360
	Org3	0.107	1.791	0.074	0.041	0.858	0.392
人力资源管理强度	HRMS				0.591	11.863	0.000 ***
模型摘要	R^2		0.110			0.435	
	F		13.715 ***			64.224 ***	
	P		0.000			0.000	
	ΔR^2		0.110			0.325	
	ΔF		13.715 ***			192.195 ***	
	ΔP		0.000			0.000	

注：同表5–12。

综上所述，表5–17结果支持了假设H2，人力资源管理强度与组织支持感显著正相关。表5–15显示，人力资源管理强度的独特性、一致性、共识性维度分别与组织支持感的情感性支持维度显著正相关，因此，假设H2a、H2b、H2c接受。表5–16显示，人力资源管理强度的独特性、一致性、共识性维度分别与组织支持感的工具性支持维度显著正相关，因此，假设H2d、H2e、H2f接受。

5.6.3 组织支持感对员工敬业度的回归分析

首先，以人口统计学变量为控制变量，组织支持感对员工敬业度的奉献维度进行分层回归分析，分析自变量对奉献的作用。采用强迫进入法，第一步单位性质进入方程作为控制变量，第二步引入2个组织支持感维度（见表5–18）。检验残差序列相关性，经计算杜宾–瓦特森（Durbin – Watson）检验值为1.789，比较接近临界值2，表示残差序列基本不相关。多重共线性诊断显示，容忍度（tolerance）取值在 0.321 ~ 0.728 之间，远大于 0.01；方差膨胀因子（VIF）在 1.373 ~ 3.116 之间，远低于临界值 10，基本不存在多重共线性问题。

表 5 – 18　　　组织支持感对员工敬业度的奉献维度回归分析（N = 676）

项目		第一步			第二步		
		β	t	Sig.	β	t	Sig.
人口变量	Org1	0.289	3.159	0.002 **	0.108	1.281	0.201 **
	Org2	0.095	1.039	0.299	0.062	0.758	0.449
	Org3	0.056	0.911	0.363	0.081	0.153	0.878
组织支持感	EM				0.299	4.364	0.000 ***
	IN				0.212	3.083	0.002 **
模型摘要	R^2		0.047			0.248	
	F		5.486 **			21.842 ***	
	P		0.001			0.000	
	ΔR^2		0.047			0.201	
	ΔF		5.486 **			44.244 ***	
	ΔP		0.001			0.000	

注：同表 5 – 12。

从表 5 – 18 可见，在第一步，当仅引入单位性质变量时，回归方程仅解释了 4.7% 的变异量，解释力较弱，但方程已经通过显著性检验；β 系数为 0.289（p = 0.002 < 0.01）也达到显著水平，这表明与外资、合资企业以及民营企业相比，国有企业员工工作热情更高。在第二步，以单位性质为控制变量，引入组织支持感二维度后，回归方程显著，自变量共解释了 24.8% 的变异量，回归方程 F 值明显增大，解释变异量增加了 20.1%，这说明组织支持感各维度应当包含在模型中。具体地，情感性支持、工具性支持都显著地正向影响奉献维度，其中情感性支持对奉献的作用力度（β = 0.299，P = 0.000）大于工具性支持的作用（β = 0.212，P = 0.002）。这表明，当员工感受到来自于组织的情感及工作上的支持信任后，员工会表现出饱满的工作热情，全

身心地投入到工作中。

其次，对员工敬业度的活力维度进行分层回归分析，回归方式与之前相同（见表 5 – 19）。共线性诊断和残差相关性的分析显示，杜宾 – 瓦特森（Durbin – Watson）检验值为 1. 729，比较接近 2，表示残差序列基本不相关。多重共线性诊断显示，容忍度（tolerance）取值在 0. 316 ~ 0. 933 之间，远大于 0. 01；方差膨胀因子（VIF）在 1. 072 ~ 3. 162 之间，远低于临界值 10，基本不存在多重共线性问题。

表 5 – 19　　　　组织支持感对员工敬业度的活力维度回归分析（N = 676）

项目		第一步			第二步		
		β	t	Sig.	β	t	Sig.
人口变量	Sex1	0. 077	1. 401	0. 162	0. 053	1. 043	0. 298
	Org1	0. 193	2. 092	0. 037 *	0. 035	0. 402	0. 688
	Org2	− 0. 013	− 0. 146	0. 884	− 0. 045	− 0. 532	0. 595
	Org3	0. 021	0. 337	0. 736	− 0. 026	− 0. 461	0. 645
组织支持感	EM				0. 233	3. 280	0. 001 **
	IN				0. 220	3. 098	0. 002 **
模型摘要	R^2		0. 052			0. 208	
	F		4. 587 **			14. 485 ***	
	P		0. 001			0. 000	
	ΔR^2		0. 052			0. 156	
	ΔF		4. 587 **			32. 543 ***	
	ΔP		0. 001			0. 000	

注：同表 5 – 12。

从表 5 – 19 可见，以活力维度进行回归时，当仅引入人口变量时，回归方程仅解释了 5. 2% 的变异量，解释力较弱，但方程已达显著水平；系数估计结果显示，国有企业（β = 0. 193，P = 0. 037）的影响达到显著性，这说明国有企业员工与外企、民营员工相比更易表现出积极努力的工作状态；当引入组织支持感二维度后，方程解释力和 F 值显著增加，自变量共解释了

20.8% 的变异量，解释变异量与之前相比增加了 15.6%，说明组织支持感对活力维度有较大影响。就系数估计而言，情感性支持对活力的影响（β = 0.233，P = 0.001）大于工具性支持对活力的影响（β = 0.220，P = 0.002）。二者的作用力度基本相等，且都已经通过显著性检验。这说明，感觉到组织的关心与支持的员工，会以积极努力地工作回报组织。

最后，以组织支持感为自变量，以员工敬业度为因变量进行回归分析。在回归分析之前，进行残差相关性和共线性诊断的分析，杜宾 – 瓦特森（Durbin – Watson）检验值为 1.719，比较接近 2，表示残差序列基本不相关。多重共线性诊断显示，容忍度（tolerance）取值在 0.318 ~ 0.945 之间，远大于 0.01；方差膨胀因子（VIF）在 1.058 ~ 3.144 之间，远低于 10，基本不存在多重共线性问题。

由表 5 – 20 可知，第一步，只引入人口变量时，回归方程仅解释了5.9% 的变异量，回归方程虽然显著，但解释力比较弱；国有企业的 β 系数为 0.261（P = 0.005 < 0.01），表明与其他性质企业相比，国有企业的员工更能热情积极努力地工作；第二步，以人口变量为控制变量，引入组织支持感后，回归方程更加显著，自变量共解释了 27.3% 的变异量，回归方程 F 值得到显著增加，解释力明显增强，解释变异量增加了 21.5%，而且 β 系数为0.491（P = 0.000 < 0.001），组织支持感对于员工敬业度有显著正向影响，这表明组织支持的感知是员工敬业度产生的一个重要前导性因素。

表 5 – 20   组织支持感对员工敬业度的回归分析（N = 676）

项目		第一步			第二步		
		β	t	Sig.	β	t	Sig.
人口变量	Sex1	0.052	0.955	0.340	0.024	0.496	0.620
	Org1	0.261	2.846	0.005 **	0.076	0.918	0.359
	Org2	0.041	0.450	0.653	0.004	0.052	0.959
	Org3	0.042	0.679	0.498	− 0.014	− 0.248	0.804
组织支持感	POS				0.491	9.907	0.000 ***

续表

项目		第一步			第二步		
		β	t	Sig.	β	t	Sig.
模型摘要	R²		0.059			0.273	
	F		5.182 ***			24.987 ***	
	P		0.000			0.000	
	ΔR²		0.059			0.215	
	ΔF		5.182 ***			98.158 ***	
	ΔP		0.000			0.000	

注：同表 5 – 12。

综上，表 5 – 20 结果支持了假设 H3，组织支持感与员工敬业度显著正相关。表 5 – 18 显示，组织支持感的情感性支持、工具性支持维度分别与员工敬业度的奉献维度显著正相关，因此，假设 H3a、H3b 得到支持。表 5 – 19 显示，组织支持感的情感性支持、工具性支持维度分别与员工敬业度的活力维度显著正相关，因此，假设 H3c、H3d 得到支持。

5.6.4 组织支持感的中介作用

根据人力资源管理强度及组织支持理论，人力资源管理在某种程度是组织与员工之间的信息沟通。当员工感知的人力资源管理系统强度越强时，通过强势情境，信息沟通越有效，员工越容易感受到组织的支持与关怀；作为回报，员工自然会积极努力工作。据此，以组织支持感为中介变量，探讨人力资源管理强度与员工敬业度之间的关系。采用强迫进入法（enter），以人口变量和人力资源管理强度为控制变量。第一步进入方程的为人口变量，第二步引入 3 个人力资源管理强度维度，第三步引入情感性支持和工具性支持两种组织支持感。详细结果见表 5 – 21。

首先，以组织支持感为中介变量，对敬业度的奉献维度进行分层回归分析。在进行回归分析之前，进行残差独立性检验和共线性诊断。杜宾 – 瓦特森（Durbin – Watson）检验值为 1.865，非常接近 2，表明残差序列基本不相关。多重共线性诊断显示，容忍度（tolerance）取值在 0.318 ~ 0.730 之间，

表 5 - 21　引入组织支持感后人力资源管理强度对奉献维度回归分析 (N=676)

项目		第一步			第二步			第三步		
		β	t	Sig.	β	t	Sig.	β	t	Sig.
人口变量	Org1	0.289	3.159	0.002**	0.163	1.945	0.053	0.098	1.197	0.232
	Org2	0.095	1.039	0.299	0.105	1.265	0.207	0.089	1.098	0.273
	Org3	0.056	0.911	0.363	0.009	0.155	0.877	0.003	0.059	0.953
HRMS	DI				0.317	4.746	0.000***	0.228	3.398	0.001**
	C				0.058	1.018	0.309	0.007	0.130	0.897
	CS				0.163	2.980	0.015*	0.113	2.225	0.048*
POS	EM							0.245	3.832	0.000***
	IN							0.094	1.488	0.138
模型摘要	R^2	0.047			0.237			0.292		
	F	5.486**			17.115***			16.965***		
	P	0.001			0.000			0.000		
	ΔR^2	0.047			0.190			0.055		
	ΔF	5.486			27.441			12.842		
	ΔP	0.001			0.000			0.000		

注: 同表 5 - 12。

方差膨胀因子（VIF）除虚拟变量 Org1、Org2 外均小于 2（Org1 和 Org2 两个虚拟变量的方差膨胀因子分别为 3. 141 和 3. 044），远低于临界值 10，基本不存在多重共线性问题。

从表 5 - 21 可见，将情感性支持和工具性支持同时引入回归方程，以人口变量、人力资源管理强度为控制变量，对奉献进行回归后，回归方程的解释力均显著增加，说明组织支持感应当被引入。当引入人力资源管理强度时，解释变异量增加了 19%；当引入组织支持感后，自变量共解释了 29. 2% 的变异量，解释力增加了 5. 5%，并且达到了显著性水平。系数估计的结果显示，当情感性支持进入方程时，其对奉献维度的回归系数显著（$\beta = 0.245$，$P = 0.000$），人力资源管理强度的独特性对奉献的回归系数依然显著并减少（$\beta = 0.228$，$P = 0.001$）；共识性对奉献的回归系数也显著减少（$\beta = 0.113$，$P = 0.048$）。根据温忠麟提出的中介效应检验程序和标准（温忠麟等，2004），说明情感性支持在独特性与奉献维度之间起部分中介作用，在共识性与奉献维度之间起部分中介作用。工具性支持对奉献维度的回归系数不显著（$\beta = 0.094$，$P = 0.138$），但由于人力资源管理强度对组织支持感的回归显著（见表 5 - 15、表 5 - 16），依据温忠麟中介效应检验程序，其中介作用需要进行 Sobel 检验。

其次，以组织支持感为中介变量，对敬业度的活力维度进行分层回归分析，回归方式与之前相同（见表 5 - 22）。对残差序列相关性进行检验，杜宾 - 瓦特森（Durbin - Watson）值为 1. 728，比较接近 2，表示残差序列基本不相关。容忍度（tolerance）取值在 0. 314 ~ 0. 926 之间，方差膨胀因子（VIF）除虚拟变量 Org1、Org2 外均小于 2（Org1 和 Org2 的方差膨胀因子分别为 3. 190 和 3. 047），远低于临界值 10，基本不存在多重共线性问题。

由表 5 - 22 可知，将情感性支持和工具性支持同时引入回归方程，以人口变量、人力资源管理强度为控制变量，对活力维度进行回归后，方程的解释力均显著增加，说明模型中应当包括组织支持感。当引入人力资源管理强度时，解释变异量增加了 16. 6%；当引入组织支持感后，自变量共解释了 25. 7% 的变异量，解释力增加了 3. 9%，虽然解释力较小，但是达到了显著性水平。系数估计结果表明，情感性支持对活力维度的回归系数显著（$\beta = 0.191$，$P = 0.004$），独特性、共识性对活力的回归系数变小但依然

表 5 - 22　　引入组织支持感后人力资源管理强度对活力维度回归分析（N = 676）

项目		第一步			第二步			第三步		
		β	t	Sig.	β	t	Sig.	β	t	Sig.
人口变量	Sex1	0.077	1.401	0.162	0.057	1.127	0.260	0.042	0.845	0.399
	Org1	0.193	2.092	0.037*	0.089	1.038	0.300	0.034	0.405	0.685
	Org2	-0.013	-0.146	0.884	0.011	0.127	0.899	-0.006	-0.070	0.945
	Org3	0.021	0.337	0.736	-0.024	-0.424	0.672	-0.032	-0.572	0.568
HRMS	DI				0.268	3.950	0.000***	0.190	2.761	0.006**
	C				0.069	1.195	0.233	0.027	0.464	0.643
	CS				0.219	3.357	0.001**	0.149	2.251	0.025*
POS	EM							0.191	2.885	0.004**
	IN							0.102	1.574	0.116
模型摘要	R²	0.052			0.218			0.257		
	F	4.587**			13.131***			12.620***		
	P	0.001			0.000			0.000		
	ΔR²	0.052			0.166			0.039		
	ΔF	4.587			23.295			8.690		
	ΔP	0.001			0.000			0.000		

注：同表 5 - 12。

显著（$\beta_{独} = 0.190$，$\beta_{共} = 0.149$），根据温忠麟的中介效应检验程序和标准，说明情感性支持在独特性、共识性与活力维度之间起部分中介作用。工具性支持对活力维度的回归系数不显著（$\beta = 0.102$，$P = 0.116$），因此同上部分奉献维度回归分析，需要进行 Sobel 检验以判断中介作用是否显著。

综上，组织支持感进入方程后，工具性支持对奉献、活力维度的回归系数不显著，由于自变量人力资源管理强度各维度对员工敬业度及组织支持感各维度的回归系数显著，依据温忠麟的中介效应检验程序，其中介作用需要进行 Sobel 检验。

sobel 检验公式如下：

$$\bar{z} = \frac{ab}{\sqrt{s_a^2 b^2 + s_b^2 a^2}}$$

在这个公式中，a 和 b 分别为自变量对中介变量、中介变量对因变量的回归系数，S_a 和 S_b 分别为该回归系数的标准差。

将对应的各值输入上述公式中，计算结果如表 5 – 23 所示。麦金农（MacKinnon）提出在显著性水平 0.05 时的临界值为 0.97，若小于这一临界值则不显著。据此可以判断，工具性支持在独特性、共识性与奉献之间存在部分中介作用；工具性支持在独特性、共识性与活力之间存在部分中介作用。

表 5 – 23　　　　　　　　　　　　Sobel 检验 Z 值

模型	Z 值
独特性 – 工具性支持 – 奉献	1.412
共识性 – 工具性支持 – 奉献	1.420
独特性 – 工具性支持 – 活力	1.472
共识性 – 工具性支持 – 活力	1.481

最后，以人力资源管理强度为自变量，以组织支持感为中介变量，以员工敬业度为因变量进行分层回归分析。杜宾 – 瓦特森（Durbin – Watson）检验值为 1.774，比较接近 2，表示残差序列基本不相关。容忍度（tolerance）取值在 0.316 ~ 0.945 之间，方差膨胀因子（VIF）除单位性质外均小于 2（Org1 和 Org2 两个虚拟变量的方差膨胀因子分别为 3.163 和 2.948），远低于

临界值 10，基本不存在多重共线性问题。

由表 5-24 可知，将组织支持感引入回归方程，以人口变量、人力资源管理强度为控制变量，对员工敬业度整体进行回归后，方程的解释力显著增加，说明模型中应当包括组织支持感。当引入人力资源管理强度时，解释变异量增加了 18.7%；当引入组织支持感后，自变量共解释了 30.9% 的变异量，解释力增加了 6.3%，虽然解释力较小，但是达到了显著性水平。系数估计结果表明，组织支持感对敬业度的回归系数显著（$\beta = 0.333$，$P = 0.000$），人力资源管理强度整体对员工敬业度的回归系数变小但依然显著（$\beta = 0.252$，$P = 0.000$），这说明组织支持感在人力资源管理强度与员工敬业度之间起部分中介作用。

综上，表 5-24 结果支持了假设 H4，组织支持感在人力资源管理强度与员工敬业度之间具有中介作用。由表 5-21、表 5-22 可知，情感性支持分别在独特性、共识性与奉献之间具有部分中介作用；情感性支持分别在独特性、共识性与活力之间具有部分中介作用；由于一致性与奉献、活力关系都不显著，按照温忠麟的中介效应检验程序，不再作中介分析。因此，假设 H4a 得到部分支持。依据表 5-21、表 5-22 和表 5-23 结果，工具性支持分别在独特性、共识性与奉献之间具有部分中介作用；工具性支持分别在独特性、共识性与活力之间具有部分中介作用；由于一致性分别与奉献、活力关系不显著，不再作中介分析。因此，假设 H4b 得到部分支持。

5.6.5　分层回归分析小结

根据表 5-15、表 5-16、表 5-21 和表 5-22，人力资源管理强度对组织支持感以及人力资源管理强度对员工敬业度的回归进行整理，图 5-1、图 5-2 显示了组织支持感各维度在人力资源管理强度各维度与员工敬业度各维度间的中介作用（各路径系数均达到显著性 0.05 要求）。

表5-24　引入组织支持感后人力资源管理强度对员工敬业度的回归分析 (N=676)

项目		第一步			第二步			第三步		
		β	t	Sig.	β	t	Sig.	β	t	Sig.
人口变量	Sex1	0.052	0.955	0.340	0.043	0.887	0.376	0.028	0.590	0.399
	Org1	0.261	2.846	0.005**	0.131	1.574	0.117	0.057	0.705	0.685
	Org2	0.041	0.450	0.653	0.020	0.239	0.811	-0.001	-0.019	0.945
	Org3	0.042	0.679	0.498	-0.009	-0.160	0.873	-0.024	-0.446	0.568
HRMS					0.448	9.092	0.000***	0.252	4.244	0.000***
POS								0.333	5.461	0.000***
模型摘要	R^2		0.059			0.246			0.309	
	F		5.182***			21.697***			24.620***	
	P		0.000			0.000			0.000	
	ΔR^2		0.059			0.187			0.063	
	ΔF		5.182***			82.671***			29.818***	
	ΔP		0.000			0.000			0.000	

注：同表5-12。

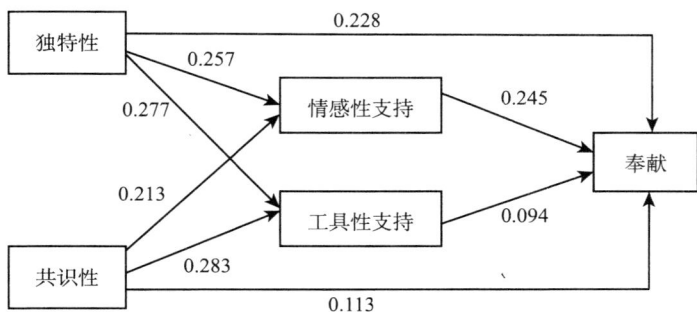

图 5 – 1 组织支持感各维度对奉献的中介作用

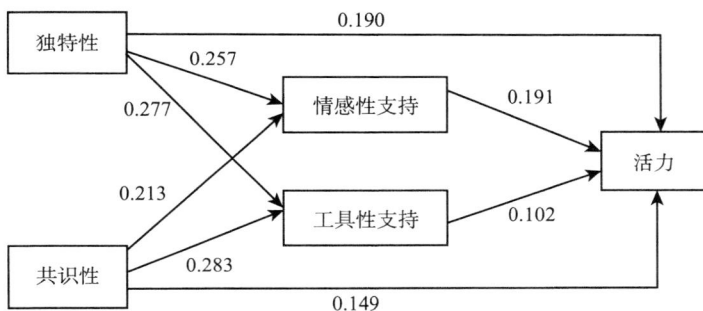

图 5 – 2 组织支持感各维度对活力的中介作用

从图 5 – 1 可见，组织支持感各维度在独特性、共识性与员工敬业度的奉献维度之间存在中介作用，其中独特性与奉献之间也存在直接作用（β = 0.228）。当情感性支持为中介变量时，其直接作用大于间接作用 0.257 × 0.245 = 0.063；当工具性支持为中介变量时，其间接作用 0.277 × 0.094 = 0.026 也小于直接作用；可见当组织支持感各维度为中介变量时，独特性对奉献主要为直接作用，组织支持感各维度起部分中介作用。共识性与奉献之间也存在直接作用（β = 0.113）。当情感性支持为中介变量时，其直接作用大于间接作用 0.213 × 0.245 = 0.052；当工具性支持为中介变量时，其间接作用 0.283 × 0.094 = 0.027 也小于直接作用。

可见当组织支持感各维度为中介变量时，共识性对奉献主要为直接作用，组织支持感各维度起部分中介作用。此外，比较两个中介变量，我们发现，情感性支持所发挥的中介作用要大于工具性支持。

从图 5 - 2 可见，组织支持感各维度在独特性、共识性与活力维度之间存在中介作用，独特性、共识性对活力也存在直接作用，分别为 0.190 和 0.149。对独特性而言，情感性支持的中介作用为 0.257 × 0.191 = 0.049，工具性支持的中介作用为 0.277 × 0.102 = 0.028，均小于直接作用；对于共识性，情感性支持、工具性支持的中介作用分别为 0.041、0.029，间接作用均小于直接作用，说明当组织支持感各维度为中介变量时，独特性、共识性对活力主要为直接作用，组织支持感各维度起部分中介作用；而且情感性支持所产生的中介效应要大于工具性支持的中介作用。

根据表 5 - 17、表 5 - 24，人力资源管理强度对组织支持感以及人力资源管理强度对员工敬业度的回归情况进行归纳，图 5 - 3 显示了上述三个变量之间的关系（各路径系数均达到显著性 0.001 要求）。

图 5 - 3 人力资源管理强度、组织支持感及员工敬业度之间关系

从图 5 - 3 可知，人力资源管理强度直接作用于员工敬业度（β = 0.252），同时组织支持感在人力资源管理强度与员工敬业度之间发挥中介作用。组织支持感的中介作用为 0.591 × 0.333 = 0.197。间接作用与直接作用相差并不大。这表明，就整体而言，组织支持感的中介作用在人力资源管理强度作用于员工敬业度的过程中居于十分重要的地位。

图 5 - 1、图 5 - 2 显示了情感性支持和工具性支持在人力资源管理强度各维度、员工敬业度各维度之间的中介作用，图 5 - 3 显示了组织支持感在人力资源管理强度与员工敬业度之间的中介作用，总结为表 5 - 25。从表 5 - 25 可见，当将两个组织支持感变量引入多元线性回归方程，以人口学变量作为控制变量时，人力资源管理强度（独特性、共识性）与奉献之间回归系数变小但仍然显著，这说明组织支持感在这些自变量与因变量间具有部分中介作用。在引入中介变量后，独特性、共识性对活力的相关关系仍然显著，而且

直接作用大于间接作用，说明组织支持感在以上变量间仅具有部分中介作用。另一方面，将各自变量的间接作用相加发现：对于奉献和活力，间接作用之和小于直接作用，表明中介作用强度较弱。这说明人力资源管理强度各维度对员工敬业度各维度的作用以直接作用为主，组织支持感各维度的中介作用居于次要地位。

表 5 - 25 组织支持感的中介作用与人力资源管理强度对因变量的直接作用

项目	奉献		活力		员工敬业度	
	间接作用	直接作用	间接作用	直接作用	间接作用	直接作用
独特性	EM + IN：0.089	0.228	EM + IN：0.077	0.190		
共识性	EM + IN：0.079	0.113	EM + IN：0.070	0.149		
Total	0.168	0.341	0.147	0.339		
人力资源管理强度					0.197	0.252

此外，由表 5 - 25 可知，人力资源管理强度通过组织支持感间接作用于员工敬业度的程度，与人力资源管理强度直接作用于员工敬业度的程度相差并不大，而且该差距远远小于上述变量各维度之间间接作用与直接作用的差距，因此在分析上述三变量整体之间的关系时，组织支持感是人力资源管理强度作用于员工敬业度的一个重要的中介变量。

5.7 结 果 分 析

5.7.1 人力资源管理强度与员工敬业度的关系

一些学者认为人力资源管理对更近端的人力资源结果比财务结果有更大的影响（Bowen & Ostroff，2004；Guest et al，2011）。西希等（Nishii et al，2008）观察到，员工对人力资源管理实践的感知是因人而异的。个人对组织的人力资源管理实践感知及反应不同是源于个人过去经验、价值观、信仰或个人期望。德克斯等（Dirks et al，2001）提出情境强度的概念，并认为它是一个占主导地位的、更近端的影响员工感知的因素。员工如何感知人力资源管理实践比人力资源管理专业人员所报告的人力资源管理实践意图更加重要。员工体验到或感知到人力资源管理是员工态度及行为的近端预测指标（Khilji et al，2006；Nishii et al，2008）。

根据社会交换理论，当职场中前因变量向员工发出信号：他们被组织重视和信任的时候，员工积极从事他们的工作，如努力学习专业知识、体验到积极的情绪和与他人有意义的联系（Saks，2006；Rich et al，2010）。雇主通过人力资源管理实践向员工发出愿意投资和支持员工的信号，因此，当员工积极评价本组织的人力资源管理时，他就会积极努力从事工作。

而重视、信任员工的信号传递情况与人力资源管理系统本身的独特性、共识性及一致性有密切关系。鲍恩和奥斯特洛夫（Bowen & Ostroff，2004）指出，人力资源管理强度高时会促进组织氛围（集体知觉）即强情境的产生，进而组织氛围会与员工态度和行为有显著联系。强势人力资源管理系统会使员工相似地理解情境，并诱导出关于反应的相同的期望，为对被期望的反应和行为的奖励和激励提供清晰的期望，以及通过社会影响引起顺从和一致。当人力资源管理强度高时，在组织内部形成强势情境，向员工发送清晰一致充分的信息，员工就会对组织人力资源管理措施及活动作出积极归因，敬业态度及行为自然就会产生了。因此，人力资源管理强度与员工敬业度显著正相关。

具体来说，高独特性的人力资源管理系统使员工更容易感知、理解人力资源管理政策和实践的内容。当人力资源管理决策者之间形成共识，并且他们的行为是整合的，这将促进员工之间的共识。这些都有助于在员工中创建共享的意义建构，使员工就组织目标、期望行为及反应、奖励形成清晰明确的认知。此时，员工更容易受到这种心理状态影响（Bowen & Ostroff，2004）。组织的人力资源管理政策和实践如培训、福利、员工援助计划等本身内含关心支持员工的内容，因此当组织通过强势情境向员工传达清晰一致信息时，员工对组织的人力资源管理活动有效感知、积极归因；作为报答，他们就会产生组织所需的态度和行为。因此，人力资源管理强度的独特性、共识性维度分别与员工敬业度的奉献、活力维度显著正相关。

此外，国外学者认为人力资源管理系统各特征之间可以相互补偿。受此启发，博曼斯（Bomans，2013）提出了"加法模型"：当在某一维度上感知较低时，人力资源管理强度的其他维度可以相互弥补。实证数据也支持了该观点。本研究也显示，虽然一致性与员工敬业度的奉献、活力维度的关系不显著，但是人力资源管理强度整体与员工敬业度整体仍然具有显著地正相关关系。

5.7.2 组织支持感的中介作用

在本研究中，社会交换理论作为一个框架来解释人力资源管理强度与员工态度、行为之间的关系。这一理论是建立在互惠规范的基础上的。应用于人力资源管理中，它认为，员工会产生关于人力资源管理的看法。员工基于他们对人力资源管理感知进行反应，产生出情感、认知和行为反应（Wright et al，2005）。

社会交换理论框架下，组织支持感是一种员工与雇主之间的积极交换关系。国内外一些研究表明，组织支持感是员工感知到人力资源管理与员工对组织态度及行为的重要中介变量（Alfes，2013）。德克斯等（Dirks et al，2001）指出在情境中，组织支持感在影响员工行为上更可能起中介作用。组织变量通过员工对工作氛围感知和解释影响员工敬业度。在某种程度上，高水平的员工敬业度取决于员工—组织关系和员工—经理关系（Alfes，2013）。

根据组织支持理论，个人根据组织重视他们的贡献和支持他们福祉的程度形成总体信念（Eisenberger et al，1986）。这些信念形成了一个参考框架，依据它个人解释组织采取的行动，并随后调整自己的相应行为。互惠规范表明，感受到组织为他们提供高水平支持的员工，感觉在道义上有义务帮助组织。因此，积极感知到组织支持的员工会更加热情地积极投入工作（Alfes，2013）。鲍恩和奥斯特洛夫（Bowen & Ostroff，2004）提出，组织的人力资源管理强度高时，会产生一个强情境的组织氛围，进而影响到员工主观感知、态度及行为。

本研究证实，当人力资源管理强度高时，组织重视信任员工等信息得以有效清晰传递，员工就会形成组织支持重视他们的知觉。当员工感受到来自于组织的关心、尊重及支持时，同时知道什么是组织对他们的期望，根据互惠原则，员工就产生了回报组织的责任感，就会表现出组织所需的态度和行为。因此，组织支持感在人力资源管理强度与员工敬业度之间起中介作用。人力资源管理强度对员工敬业度除了具有直接作用外，还可以通过组织支持感间接作用于员工敬业度。

5.7.3　一致性与奉献、活力的关系

一致性与员工敬业度两个维度奉献、活力存在密切的联系，但是这种关系没有通过显著性检验。这表明一致性对于促进员工敬业具有一定作用，但这种作用力度较小。可能的原因如下：

一致性涉及人力资源管理的有效实施，包括两个重要的方面：人力资源管理政策措施是否按照预期实施；人力资源管理系统的内部匹配程度。

第一，计划的人力资源管理与实施的人力资源管理差距较大，人力资源政策和实践并不总是按照计划执行。大多数公司是由人事部门负责人力资源政策和实践的设计和管理，而人力资源任务的落地执行工作交由直线经理负责。国内外研究表明，直线经理会以不同方式执行人力资源政策（Wright et al，2005；Bos - Nehles et al，2012）。直线经理在将人力资源政策和实践翻译转化到员工工作上起着重要的作用。如果直线经理不清楚自己人力资源方面的任务，那么这种转化的效果就会较差，进而造成计划的人力资源政策与实施后的人力资源政策差距很大，效果也不好。这可能是由于直线经理不具备相应的知识，或者没有感觉到自己并没有提供正确的政策和程序，以支持人力资源工作。这些增加了他们执行人力资源任务出现偏差的风险。此外，在组织结构设计上，一般公司将人力资源部门与其他部门独立开来。人力资源工作人员远离他们要为之服务的内部客户，如生产、销售等部门，这使得解释人力资源政策、政策背后的原因以及应该如何实施等变得相对困难。如有的公司只是通过电子邮件通知员工新的人力资源政策，并没有作出明确的解释。

第二，人力资源管理各措施之间配套化、系统性相对较差。国外研究表

明，由于所处的位置及信息不对称，尽管人力资源部门认为人力资源政策和实践是内部一致的，直线经理所感知到的人力资源管理信息与组织内部人力资源专业人员相比仍然会更加不匹配、不一致。这增加了组织以不一致方式开展人力资源活动的风险。此时，组织在一个不稳定的人力资源环境中运行。一项整体性的贯穿全部活动的人力资源政策有助于在组织内部不同人力资源项目之间创建一致性。换句话说，这种不一致是由于缺乏一个总体的人力资源远景和明确的目标。人力资源政策变化快，直线经理日常执行的人力资源工作，往往是临时的，因此人力资源实践就以不同的方式沟通、执行（Pereira et al，2012），这导致直线经理和员工对个别的人力资源实践的意图产生不同的感知（Bos‐Nehles et al，2012），从而阻碍了人力资源的有效实施。国内企业管理正处于激烈变革时代，大量引进国外先进的管理经验与技术，在人力资源管理上很多企业还没有形成自己独特的风格或方式，人力政策变动较大，人力资源管理稳定性相对较差，各项人力资源政策措施的内部协调问题自然比较突出。

总之，预期的和实施的人力资源政策与实践存在差异。直线经理虽然知道自己在人力资源方面的作用，但在执行这个角色上有一定的困难，如缺乏能力或没有从人力资源部门得到正确的支持、政策和程序，这些都影响其有效实施人力资源。同时，由于人力资源系统缺乏远见，且变化迅速，致使人力资源管理内部匹配程度较差。

5.8　本章小结

本章首先对正式问卷的信度和效度进行了检验，通过验证性因子分析确定了我国企业员工人力资源管理强度、组织支持感以及敬业度的结构；然后进行了同源方差检验、描述性统计分析及相关分析，并对人口统计学变量对上述各变量的影响进行了分析。在此基础上，以人口统计学特征为控制变量，通过多元回归分析检验了人力资源管理强度对组织支持感和敬业度的影响，并对组织支持感的中介作用进行了回归分析，对第 3 章提出的假设进行了验证。最后，对成立的假设及不成立的假设分别进行了探讨。

| 第6章 |
结论与展望

6.1 结　论

本研究基于归因理论、社会交换理论及组织支持理论，以我国企业员工为研究对象，根据问卷调查的数据对人力资源管理强度、组织支持感以及员工敬业度之间的关系进行了实证检验，得到了以下结论：

6.1.1　人力资源管理强度、组织支持感和员工敬业度结构分析

通过对国内外成熟量表的修订，在预测试的基础上将量表应用于我国企业，通过主成分分析、验证性因子分析发现：

我国企业员工人力资源管理强度感知分为独特性、一致性和共识性三因素结构，与国外研究的维度划分一致。员工的组织支持感分为情感性支持和工具性支持2因素结构，与组织支持理论中组织支持感结构一致。员工敬业度分为奉献、活力2因素结构，与理论构想完全一致。

6.1.2　人力资源管理强度对组织支持感、员工敬业度的影响

通过多元线性回归分析得到：

（1）人力资源管理强度与员工敬业度显著正相关。人力资源管理强度的

独特性、共识性维度分别与员工敬业度的奉献维度显著正相关，其中以独特性对奉献的促进作用最大；一致性对奉献有正向影响，但没有通过显著性检验。人力资源管理强度的独特性、共识性维度分别与员工敬业度的活力维度显著正相关，独特性和共识性对活力的重要性接近；一致性对活力作用没有通过显著性检验。

（2）人力资源管理强度与组织支持感显著正相关。人力资源管理强度的独特性、一致性、共识性维度分别与组织支持感的情感性支持维度显著正相关，独特性的影响作用最大。人力资源管理强度的独特性、一致性、共识性维度分别与组织支持感的工具性支持维度显著正相关，独特性和共识性对工具性支持的作用程度相近。

（3）组织支持感与员工敬业度显著正相关。组织支持感的情感性支持维度分别与员工敬业度的奉献、活力维度显著正相关，而组织支持感的工具性支持维度分别与员工敬业度的奉献、活力维度显著正相关。

6.1.3　组织支持感的中介作用

通过多元回归分析得到：

（1）组织支持感在人力资源管理强度与员工敬业度之间具有中介作用。

（2）组织支持感的情感性支持维度分别在人力资源管理强度的独特性、共识性维度与员工敬业度的奉献维度之间发挥部分中介作用；情感性支持分别在人力资源管理强度的独特性、共识性维度与员工敬业度的活力维度之间发挥部分中介作用。工具性支持分别在独特性、共识性维度与奉献维度之间起部分中介作用；工具性支持分别在独特性、共识性维度与活力维度之间起部分中介作用。

6.2　理 论 启 示

1. 从强度的视角检验了人力资源管理系统对员工态度及行为的影响

以往员工敬业度的研究多从人力资源管理内容角度出发，研究人力资源管理措施对员工敬业度的影响，没有考虑到人力资源管理强度的作用。人力资源管理强度高时，通过强势情境的构建，影响人力资源管理信息有效传递，使得员工就组织期待、奖励的态度及行为形成共识，从而促进理想结果出现。本研究引入人力资源管理强度，来探讨它对员工敬业度的作用方向及程度，从而为丰富"人力资源管理—员工态度及行为"因果链作出了贡献。此外，本书在前人基础上，进一步拓展了人力资源管理强度结果变量的研究范围；同时也丰富了员工敬业度的前因变量分析。

实证结果表明，人力资源管理强度越强，员工敬业度就越高。该结论有助于我们理解人力资源管理与较远端的组织绩效如创新行为、财务绩效等之间的关系。这启示我们，在进行人力资源管理系统设计时，既要关注人力资源管理措施本身，更要注重人力资源管理系统的强度。

2. 分析了人力资源管理强度与员工敬业度之间的内在作用机制

本研究证实了人力资源管理强度可以通过组织支持感间接对员工敬业度产生影响，从而深化了人力资源管理强度影响员工态度及行为的机制研究。此外，组织支持感反映了员工与组织的积极关系，作为组织氛围的构成成分，本研究结论也初步验证了鲍恩和奥斯特洛夫（Bowen & Ostroff, 2004）关于组织氛围在人力资源管理强度与结果变量之间起中介作用的理论构想。

6.3 管 理 对 策

本书的实证研究表明：人力资源管理强度对员工敬业度有显著正向影响；组织支持感在人力资源管理强度与员工敬业度之间起部分中介作用。

根据上述实证结论，本书得到如下管理对策：

1. 人力资源管理强度对员工敬业度起着非常重要的作用，它对提升员工敬业度给出了新的解决思路

阿尔菲斯（Alfes, 2013）指出，组织氛围对于建立积极组织环境非常关键，在这种环境下员工愿意积极努力工作。当强势的人力资源管理系统建立后，员工共享感知得以形成，组织氛围就会成为产生或约束行为的强情境（Bowen & Ostroff，2004）。人力资源管理强度通过"影响情境"影响到人力资源管理信息能否有效、清晰传递给员工。员工感知到的人力资源管理强度越强，员工工作态度越积极（李敏等，2011），因此，对于企业而言，可以采取以下措施，加强人力资源管理强度建设，营造积极的内部环境，使员工有效感知人力资源管理信息从而促进员工敬业度的不断提升。

企业可以从以下方面改善人力资源管理系统的独特性：一是扩展人力资源管理活动的数量和范围，如公开甄选员工、大范围的培训、多样性人力资源项目、员工辅助计划等；二是对要实施的人力资源管理措施进行广泛深入地员工沟通，如福利计划、人员继任计划等；三是要在相应部门中建立人力资源联络机构或兼职人员，通过工作分析及描述，明确其要承担的人力资源任务及责任，方便与人力资源部门、直线管理、普通员工进行沟通；四是通过网站或公告牌等方式，将人力资源专业人员的姓名、联系电话、电子邮件以及专业领域公示，这样直线管理者、员工就人力资源方面事情可以更容易地联系到人力资源部的内部专业人员。

缺乏及时有效地反馈是导致人力资源管理系统独特性下降的一个重要原因（Bomans，2013）。在组织中，直线经理和员工希望能够持续迅速地收到来自于人力资源部门的答复。通过及时有效沟通，员工不仅会了解他们所关心问题的进展情况，人力资源部门也可以向员工传达、宣传公司人力资源政策和实践。公司可以利用现代信息技术来实现上述功能以节约相应的成本，如建立内部网或电子邮件系统。员工通过访问公司网站、收发邮件或微信等方式，与公司人力资源部门进行信息交流。但要注意，这些信息呈现不同的特点，需要区别对待。公司网站上的文件多以形式化的方式提供给员工，而这些文件并不很容易理解。这就需要配套有相应的在线答疑、留言邮箱或交流社区等工具，方便给员工进行解答。此外，还可以通过传统的工作会议的方式向员工通报组织的发展情况和人力资源管理变化情况，对公司政策和程序的重要变化进行讨论。然而，受会议时长、成本的限制，不可能讨论所有的变化；而且员工也没有义务或没有热情参加这些会议，因此很难详细告知员工。公司可以将人力资源政策措施分解，每次会议只学习或讨论一两条，以提高员工学习效果。员工在理解公司提供的人力资源信息时存在一定困难。

公司人力资源部门需要加强与员工、直线经理在人力资源方面的沟通，但同时也要注意信息超载的风险。

人力资源远景为组织内的所有人力资源政策、程序和工具提供了一个框架。由于缺乏明确的人力资源远景，组织目标没有转换为相应的人力资源政策和实践，人力资源管理活动就会被员工认为是不相关的。研究表明，采取与组织目标保持一致的人力资源活动，能够提高组织的绩效（Guest et al，2011；Bomans，2013）。一些公司直线经理反映，组织目标与人力资源政策、程序的目标之间缺少清晰联系。公司首先要在内外环境分析的基础上制订科学合理的人力资源战略。通过人力资源战略，与组织战略建立明确的联系：为了实现组织的目标，人力资源部门应如何组织以及公司所需要的人力资源能力。需要注意的是人力资源战略并不指向具体的人力资源政策和工具。其次，将组织战略及人力资源战略转化为关于如何组织管理员工的明确的人力资源政策和活动，即招聘、职业生涯规划、员工考核等人力资源管理列出的文件、所采取的具体活动，要与组织战略相一致，要给出具体明确的目标。人力资源从业人员和直线经理都认为，明确的目标有助于创造清晰，而且更是评估人力资源绩效的需要。组织中的人力资源政策和活动不要孤立开来，应该相互联系在一起，以确保人力资源活动的内部匹配。

此外，人力资源部门要表现出它的附加价值，为组织创造的价值，从而显示人力资源部门的有效性。人力资源部门要提供良好的专业支持和管理信息。这些离不开固定程序和智能系统的支持。人力资源活动的专业化是提高有效性的好方法。

总的来说，人力资源部门应该发挥更积极的作用，而不仅仅是当问题发生时做出反应，以便能够更好地为组织目标作出贡献。人力资源部门要与直线经理、员工进行明确有效沟通，使他们清晰了解人力资源政策措施并按照要求去执行。公司需要在组织目标和人力资源政策、实践之间建立明确的联系。通过人力资源管理的专业化，为组织带来更多的附加价值，从而彰显人力资源部门的有效性。

共识性是指人力资源管理决策者对本单位人力资源的制定和实施达成一致意见。为了改善人力资源管理系统的共识性，所传递信息不被员工误解或多重解释，首先人力资源决策者之间就人力资源政策措施及执行要协商一致。

信息传播者之间的一致可以帮助促进员工共识的取得（Fiske et al，1991）。信息传播者在这里是指公司中的主要决策者，如高管团队、直线经理、人力资源管理经理、人力资源管理专家等。就人力资源管理目标，高管团队成员之间互相不赞成或与人力资源管理专家或人力资源经理意见不统一的程度越大，就越难以向员工传递清晰的、内部一致的信息。当员工感知到人力资源管理决策者之间有共识时，他们容易接受、认可各项人力资源管理措施。因此，各项人力资源管理政策措施在推行之前一定要在高管团队、人事专家、各部门经理之间充分讨论、形成共识，以使公司的人力资源管理政策或员工管理方式高度一致，这样才能向员工传递清晰、一致的人力资源管理信息。

定期召开正式会议是取得共识性的一个重要方式。人力资源经理定期与高管团队举行会议，讨论组织内的新发展、人力资源的变化，以及有关人力资源政策和活动在组织中的实施情况。在新的人力资源政策出台之前，人力资源需要获得高层管理者的支持。这些正式会议在公司中已经变得越来越重要。直线经理也要在本部门定期召开会议。在讨论业务的同时，了解传达新的人力资源政策和活动，一起讨论如何实施新的政策。管理人员通过会议分享人力资源政策和活动传达、实施方面的经验与教训。此外，因为人力资源管理者和直线管理者有不同的利益，他们倾向于用不同方法来解决人力资源问题。国外学者访谈发现，人力资源管理者和直线管理者有不同的认知框架：人力资源管理者致力于人力资源部门的专业化、人力资源资源政策的制定与管理，而直线管理者则以员工和客户的利益为中心，关注于日常业务（Bomans，2013）。对于人力资源管理系统，与人力资源专业人员相比，直线经理可以有不同的甚至对立的假设，这种在人力资源框架上不一致可能导致不一致的预期、对抗和怀疑（Bos－Nehles et al，2012）。人力资源经理与直线经理之间对于人力资源政策和活动经常会缺乏共识，这会阻碍组织内人力资源的有效实施。因此，通过定期召开会议，人力资源管理者和直线管理者进行密切的相互交流，对于共识性的实现很关键。直线经理还可以直接参与人力资源政策的制定以及如何实施的活动中。直线经理亲身参与体验能够积极促进共享性人力资源框架建立，导致更强势的人力资源管理系统，并确保人力资源的更有效实施（Guest et al，2011）。为了在组织内建立人力资源与直线管理的共识，组织需要在直线管理和人力资源之间创建一种合作型工作关系，实现双方的良好合作。

无论是人力资源管理者和直线管理者，都需要对未来的优先事项达成一致意见。一些公司的人力资源管理者和直线管理者都认为，有关人力资源议题的一或两年计划是比较可行的（Bomans，2013）。与业务计划集成在一起的具体的有截止期限的一年期人力计划，有助于使人力资源活动与公司运营目标匹配，同时也能促进人力资源决策者在人力资源战略的制定和实施上达成共识。对于直线经理而言，人力资源参与寻求新的市场和创新想法是非常重要的。人力资源部门要与直线管理者一起把这一点传达给本公司员工并使其明确这意味着什么。年度人力资源计划有助于人力资源部门发挥更积极的作用。

人力资源专业人员和直线经理之间的联系应该是很密切的。虽然双方能够在一个更高的战略层面上达成共识，但是由于不同的利益存在，他们并不总能在一个更实际、更具体的层面上达成共识。人力资源管理者和直线管理者都需要清楚地表达他们关于人力资源管理活动和政策的想法，以促进在组织内人力资源政策的制定和实施上取得共识。公司在实践中可以通过定期召开会议、制订年度人力计划等方式促进共识。

此外，公司还可以通过在线社区培育知识共享。由于时间和成本的问题，定期会议通常次数有限，公司需要采用其他方式实现知识与经验的共享。借助现代通信技术，公司可以建立特定成员间知识共享的网络社区，如一个群，在那里直线经理、员工可以与他们的同事交流分享如何实施人力资源政策的相关知识及经验、分享成功案例。人力资源专业人员可以加入进行互动，回答他们的问题，给他们提供如何处理人力资源问题的建议。这是一个在较低层级的直线管理者之间分享知识及经验的、成本效益较高的、有用的方法。

这种知识交流在人力资源管理者之间也是有用的。公司也可以建立一个人力资源管理者在线社区。他们可以交换知识、共享信息，例如，如何在实践中推行新的人力资源管理条例，如何支持一线管理人员实施人力资源政策等等。这样一来，人力资源管理专业人员可以相互学习，专业知识也可以存储下来。知识及经验共享提高了组织成员之间的共识，促进了人力资源的有效实施。

2. 组织支持感影响人力资源管理强度对员工敬业度的作用，因此让员工感知到组织的关心尊重，对于员工敬业度的提升也很关键

在某种程度上，人力资源管理反映了组织对员工的关心程度及其对员工贡献与价值的认识，反映了组织是否想与员工建立一种持续发展的社会交换关系的意愿。人力资源管理是组织的人才观念的体现，也是组织与员工关系的最直接的表现。组织通过招聘、薪酬、绩效等一系列管理手段，确定了与员工之间不同的关系，传达对员工不同的期望，展示组织对员工不同的承诺，从而影响到员工的组织支持感。因此，透过人力资源管理所反映出的这种理念应该是清晰明确并且强有力的，而不是含混不清并且自相矛盾的；必须要把员工个人利益统一到企业整体利益中去，实现双方共赢。

（1）重视组织的中层、基层管理者的作用。在小型组织中管理者与人力资源的密切沟通是很容易的，随着组织规模膨胀、管理层级增多，清晰一致地传播信息就会越来越困难。员工个体单方面理解人力资源规章制度时容易出现偏差，此时，组织的人力资源信息不能被员工有效感知。斯坦顿等人（Stanton et al，2010）指出，等级链中的较高层级管理者对低层级提供正式或非正式的指导能促进人力资源管理的操作化。对于人力资源政策和活动，通知、授权各层级管理者具有重要意义。各级管理者，尤其是部门经理、各级主管在组织内部人力资源信息有效传递过程中居于非常重要地位，起着桥梁纽带的作用。他们作为组织沟通网络上的重要节点，能够促进信息在管理层级、员工之间的快速流动，避免渠道堵塞、信息失真及过载等情况出现（Purcel et al，2007）。组织支持理论也认为，各级主管作为组织的直接代表，代表组织与员工发生工作联系。给管理者提供资源和支持可以增加员工信任（Stanton et al，2010）。因此，为了使员工能够切实感受到组织的关怀及尊重，组织要非常注重各级主管（管理层）对人力资源管理政策措施的理解及执行，加强对他们的选拔、人力资源管理政策及技能方面的培训、人力资源政策措施执行情况的考核。组织要为各层级管理者提供人员管理方面的相关知识和技能，以便他们能更好地承担他们的角色。

（2）注重组织与员工在人力资源管理政策措施上的沟通互动，尤其是注意收集员工对人力政策措施的信息反馈。人力资源政策措施在实施前要向员工进行广泛地宣讲。管理者首先要对人力资源信息有清晰、正确的理解，在此基础上，明确沟通目的，制定具体可行的沟通计划，通过召开研讨会、政策答疑、个别辅导等多种形式，与员工进行持续沟通，使其清晰准确地理解、把握人力资源管理相关政策及措施。在这个过程中，简单地将组织准备实施的人力资源活动通报给员工、解释人力资源政策，这样做是不够的；更重要的是通过沟通交流过程，了解收集员工对人力资源政策和实践的意见、建议或问题，加以分析甄别，及时给员工回复解释。

当然，组织要提前设计好固定畅通的沟通渠道，形成人力资源信息沟通常规。此外，管理者还要改变高人一等的观念，以人人平等的心态，努力缩短与员工之间的距离，提高沟通的效率。

（3）高管的支持。首席执行官对于人力资源管理的理解和承诺，是创造强势人力资源管理系统的关键（Guest et al，2011）。作为首席执行官，他要赋予人力资源的合法性、提供领导、承诺资源，并在组织战略和人力资源战略之间建立联系。首席执行官通过组织层级影响组织内部不同群体之间及群体内部的协商一致（Bowen & Ostroff，2004；Stanton et al，2010）。3 家澳大利亚医院案例分析显示，高层管理内部不一致会在组织内部所有的层次上产生混乱和不一致的消息。这导致了群体之间的不一致，感知不到信任，低层次管理者之间在期望的组织行为和结果上的混乱（Stanton et al，2010）。

因此，以首席执行官为代表的高层管理者首先要充分认识到员工的价值，支持人力资源管理工作的开展。高管之间就人力资源问题形成统一的认识，要在企业内部营造以人为本、重视人才的氛围或文化，不要仅仅停留在口头宣传上，更重要的是从实际行动上重视人才，例如，晋升及奖金发放向有重大贡献的员工倾斜；对人才进行具有特殊意义的精神奖励，如内部表扬、荣誉称号、社会兼职等。其次，从人员、资金等各方面支持人力资源管理工作，例如，吸收人力资源管理负责人进入最高决策层，参与企业战略决策；人力资源部门配备足够数量及质量的员工；对人力资源活动开展给予充足的资金支持；支持人力资源从业人员进行业务学习等。总之，内部协商一致的高层领导需要运用权力通过正式和非正式的沟通渠道，在组织内部高效地传递相关的、一致的和有效的人力资源管理信息。

（4）加强人力资源管理措施与个人目标实现之间的关联程度。

研究表明，很多公司员工表示组织的目标和他们自己的目标之间的联系不够明确，这使得员工工作动力不足。为了使人力资源管理活动得到员工的认可和支持，组织应尽可能使人力资源管理目标与个人目标相一致（Kelman et al，1989），使员工明确既定行为对个人利益的促进作用，即人力资源管理活动不仅要考虑组织利益，也要与员工个人目标相关，如：紧密结合员工个体需求确定奖励的形式及额度等。

人力资源部门要了解员工所关心的问题，将员工感兴趣信息传达给他们，这样员工才会密切关注。如此才能"投其所好"满足员工个体需求，才能充分激发员工的工作积极性，从而保证组织目标的实现。很多组织提供了大量员工不需要的信息，这会导致信息过载的风险（Bomans，2013）。为员工提供符合他们需要的实际信息对组织而言更为有用。因此，组织要编写承载非常实用的重要的人力资源信息如缺勤、培训、休假等的人力资源手册，并且该手册要以一种员工很容易理解的方式来编写。不同组织的员工由于各自有不同的需要和不同的重要的人力资源问题，需要不同内容的手册。

一些公司将关于人力资源相关议题的新闻、人力资源政策和实践混杂放置在公司内部网上。这些信息多是以一个正式文件的方式呈现的，大多数文件都比较长。在实际操作中这种做法的沟通效果并不令人满意。公司要在网站上建立一个专门发布讨论人力资源问题的空间。政策、程序和工作手册应围绕员工考核、培训等人力资源主题进行组织。信息要以非正式方式发布，如简短的与政策相关联的主题介绍，不要简单地把文件放在网上。此外，与员工相比直线经理有不同的需要，人力资源部门应针对不同的内部客户需求，建立不同的人力资源网络空间，提供不同的人力资源信息。

6.4 研究局限与未来展望

第一，本研究收集的数据是一个时间点的截面数据。跨单位设计，数据来自于多个企业。这些都会影响到本研究所作出的因果关系推断。未来需要进行实验或纵向、单一企业研究设计，对本书假设的因果关系进一步验证。

第二，尽管我们采取措施控制单一数据源的影响，但是单一数据来源仍然会影响本研究对人力资源管理强度与员工态度及行为关系的解释力。未来需要进行多个数据源研究，具体应该包括多个人力资源管理方面的利益相关者，如员工、人力资源专业人员和直线管理人员，因为国内外研究表明，他们对人力资源管理系统的强度有不同的看法。

第三，本研究的数据是由员工个体自我报告的，涉及自身的主观感知，因此存在社会称许性问题，尤其是在员工敬业度测量上。尽管我们在测量中采用匿名填写、加入反向问题、合理使用指导语、调整题项顺序等方式降低施测环境给员工带来的压力，对社会称许偏差进行了控制，但仍然无法消除其影响。未来可以通过加入社会称许量表、因素分析技术等方法剔除社会称许性的影响，以便更加准确地测量员工敬业度。

第四，本研究只分析了人力资源管理强度与员工敬业度之间的关系。学者们认为，人力资源管理强度三个维度之间存在一定的相关性（Bowen & Ostroff，2004），这在本研究的相关性分析中也有体现。未来的研究需要进一步探讨人力资源管理强度所属维度之间的相互关系，并分析这种关系对结果变量的影响。还需要进一步拓展结果变量的范围，如创新绩效、组织公民行为等。本文只探讨了组织支持感的中介作用，下一步可以扩展中介变量范围，如文化、角色、沟通模式、社会资本、人力资源管理服务质量等。

| 第 7 章 |
案 例 分 析

7.1 引　　言

很多学者实证发现，人力资源管理积极影响组织的绩效。然而，人力资源管理影响绩效的机制还不清晰（Wright et al，2000）。关于人力资源管理和绩效关系的研究，目前研究者的兴趣转移到员工对人力资源管理实践的感知方面（Purcell et al，2007；Wright et al，2007；Nishii et al，2008）。学者们认为人力资源管理实践的影响存在于员工对人力资源实践的感知，因为这种知觉影响员工的态度和行为，最终影响组织绩效。同样的人力资源管理实践并不总是导致组织绩效方面的相同结果。对于人力资源管理系统所发送的信号，员工的感知和理解是不同的（Bowen & Ostroff，2004；Sanders et al，2012）。

鲍恩和奥斯特洛夫（Bowen & Ostroff，2004）借鉴归因模型提出了人力资源管理强度概念来说明人力资源管理作为沟通系统时员工感知的重要性。他们认为，为了使人力资源管理有助于组织的绩效，人力资源管理系统必须是强势的。一个强势的人力资源管理系统的特点是高独特性、高一致性、高一致性。独特性意味着因果关系是高度可观察的。一致性是指因果关系在模式和时间上的一致性。共识性意味着员工对因果关系的认知是相同的。也就是说，当员工感知到：①清晰而明确的人力资源管理信息；②人力资源管理政策贯穿于整个组织；③员工间所感知和理解的是一致的，此时组织的人力资源管理系统是强势的（Bowen & Ostroff, 2004; Delmotte et al, 2011）。一个强势的人力资源管理系统会形成一个强有力的组织氛围，在此氛围中员工会对哪些目标是重要的，哪些行为是有回报的形成共同的理解。此概念已经开始被学者们接受，但是总体来看，关于人力资源管理强度的研究仍然较少。

人力资源管理强度概念提出后，关于其三个维度之间的关系一直是学者们研究的重点，争论也不断产生。鲍恩和奥斯特洛夫（Bowen & Ostroff, 2004）指出，一致性与共识性有区别但又相互关联。当组织中员工经历人力资源管理实践的一致性时，共识性则更可能被强化。同时，当信息的传播者不能在预期的信息上达成共识时，一致性就会受到阻碍。独特性帮助人们将注意力吸引至信息和沟通者，因此增加了人力资源管理信息在员工中被一致编码和解释的可能性。他们认为，独特性是影响情境强度的决定性因素（the last word）。研究显示，独特性和共识性之间强相关，但他们还是作为两个单独的变量进行研究。戈麦斯等（Gomes et al, 2010）认为，学者们对三个维度的相关关系不够重视。他们通过专门量表对这三者之间的关系进行了验证，研究结果表明：独特性中由于可视性与可理解性之间过于相似，因此将两者区分开来比较困难；虽然数据显示权威合法性和相关性相互独立，但是两者具有共同的基础。一致性和共识性内部各特征高度相关，难以区分，因此，二者都是单维度结构。一致性和共识性之间强相关，而且二者对独特性有显著影响，一致性的影响更大。博曼斯（Bomans, 2013）发现，独特性与共识性有显著的交互作用。这些研究表明，人力资源管理强度三个维度之间不是完全相互独立的，相关性的确存在。

虽然有一些经验证据，人力资源管理强度的三个维度之间存在相互关系，但是现有研究仍存在不足，只有桑德斯等（Sanders et al, 2008）、戈麦斯等（Gomes et al, 2010）、李晓蓓等（Li et al, 2011）对这一现象进行了实证调查，而且所涉及的结果变量也有限，结论也不一致，需要更多的研究来探讨三者之间的关系。此外，如果组织成员感知到人力资源管理信息——组织关心他们的生活，进而他们会表现出组织所需的员工态度和行为（Bowen & Ostroff, 2004）。因此，本研究的主旨就是以员工敬业度为因变量实证研究独特性、一致性和共识性之间的相互关系。具体来说，三个维度如何相互关联的，以及它们如何影响员工敬业度的。我们希望通过本研究，尝试探讨适当的模型来解释人力资源管理强度与组织绩效之间的关系。

7.2　理论基础与研究假设

7.2.1　人力资源管理强度

在某种程度上，人力资源管理是指一组特定的人力资源实践，它作为一种机制，用以沟通员工并传递信号给员工以使其从事某种行为。这些有效的人力资源实践必须是上下及水平一致的，这样才能促进组织的绩效（Pereira et al，2012）。一般而言，组织的人力资源部门负责人力资源实践的设计和管理，从而在人力资源管理信息沟通上起着重要的作用。只有当人力资源管理系统发送信号，明确告知员工：哪些目标是重要的，哪些行为是组织所期望的、奖励的，这些目标才有可能实现。一个强势的人力资源管理系统表现出高水平的独特性、一致性和共识性，此时有关人力资源管理的内容一致的信息才可以发送给员工。一个强势的人力资源管理系统会营造一个强大的组织氛围，在此氛围下通过人力资源管理系统发送给利益相关者的信息是清晰的，明确的和一致的，从而促使员工展现出组织所期望的态度和行为（Bowen & Ostroff，2004；Wright et al，2007；De Winne et al，2012）。

归因理论认为，人们会解释行为的原因，进而根据这种解释做出相应的行为反应。因此，员工会根据独特的、一致的、达成共识的人力资源管理系统传递给他们的人力资源管理信息采取行动。鲍恩和奥斯特洛夫（Bowen & Ostroff，2004）依据凯利（Kelley）的归因理论提出了人力资源管理的三个维度：独特性、一致性和共识性。

1. 独特性

为了使人力资源管理有效，员工需要对人力资源管理实践进行正确归因。他们需要感知到人力资源管理系统是独特的，这要求因果关系是高度可见的（Bowen & Ostroff，2004）。因此，当组织的人力资源管理系统能够提供可见的、可以理解的、合法的和相关的信息给员工时，独特性的程度就越高（Bowen & Ostroff，2004；Delmotte et al，2011）。

在某种程度上，人力资源实践可以作为从雇主到雇员的沟通机制（Gilbert et al，2011）。能够吸引员工关注的人力资源措施易于被员工理解，进而会影响到他们的行为。因此，突出的和能够观察到的人力资源管理实践更容易使员工获得人力资源信息。还有，高独特性的人力资源管理系统传递给员工的信息必须具有合法性，即来自于具有高地位、高信用的人力资源部门或管理者。此外，为了促进组织绩效，人力资源管理部门必须使员工感知到人力资源管理措施与其自身重要目标是相关的。有效的人力资源实践能够推动员工预期行为，导致所需的组织结果。

2. 一致性

一致性是指人力资源管理措施可信赖的、内部一致的执行，并且建立跨越时间、人员及背景的一致关联（Bowen & Ostroff，2004）。人力资源管理各项措施及其实施具有内在统一性，能够向员工传达系统的、充分的信息，使员工对什么样的行为是被期望和被奖励的做出准确的归因，进一步强化期望的特定行为被表现出来的可能性。一致性包括工具性、有效性和人力资源管理信息一致性三个特征。

为了感知一致的人力资源管理信息，结果应该与行为联系起来，鲍恩和奥斯特洛夫（Bowen & Ostroff，2004）将此称为人力资源管理体系的工具性。高工具性意味着员工的行为和结果之间的关系是密切相关的，并且随着时间推移人力资源实践一直得到延续使用（Pereira et al，2012）。有效性指的是在归因时提供给信息接受者准确、有用的信息，使员工正确推断。具体而言，人力资源管理实践所宣称的与实际所做的尽量要一致。一致性的第三个特征是一致的人力资源管理信息。这意味着人力资源管理系统应该向员工发出一致的信号，告诉员工哪些行为是组织期望的和奖励的。

3. 共识性

共识性是指员工之间就什么行为反应导致什么结果取得一致意见，包括主要的人力资源管理决策者之间意见一致和公平性两个特征。

一个组织的人力资源管理决策者——高层管理者、人力资源经理和一线经理之间取得一致意见，有助于促使员工之间就人力资源管理信息达成共识，这反过来又会形成对预期的行为和奖励的共同理解（Bowen & Ostroff，2004）。对于人力资源实践的内容和人力资源专业人员在组织中所扮演的角色的不同期望，可能会导致人力资源管理决策者之间的分歧，这将阻碍人力资源的有效执行。例如，如果高级管理人员和人力资源经理就相关人力资源政策及程序未达成一致意见，组织很难发出一个清晰的、一致的和明确的人力资源信息给员工：哪些行为是预期的和受奖励的。为了满足其利益相关者的需要，人力资源部门需要了解其利益相关者的需要。人力资源管理决策者的共识，可以通过与利益相关者密切合作来培养，因为这有利于与组织战略相一致的人力资源战略的制定和实施方面的隐性知识的交流。此外，人力资源管理人员和管理人员之间的友好合作也能够促进共同的理解，提高组织绩效。

7.2.2　员工敬业度

卡恩（Kahn，1990）将敬业度概念化为组织成员将身体、认知、情感的自我投入到工作角色中，并对他们的工作及经历产生影响。肖菲利（Schaufeli，2002）将敬业定义为一种积极的、充实的、与工作相关的精神状态，以活力、奉献和专注为特征。敬业是指一种更持久的、普遍的情感认知状态，该状态并不专注于任何特定的对象、事件、个体或行为。敬业的员工表现出高强度的精力以及对工作的强烈的心理认同。韦林斯等（Wellins et al，2005）认为敬业度是一种激励员工产生高绩效的无形力量，是承诺、忠诚、生产力和主人翁精神的混合。李奇（Rich，2010）认为敬业是个人认知、情感和体力的能量的积极地充分地表现。沙克等（Shuck et al，2010）定义员工敬业度为指向期望的组织结果的认知、情感和行为状态。贝克等（Bakker et al，2011）将敬业概括为一种积极的、高度觉醒的情感性状态，以精力、卷入为特征。

综上，由多个定义可知，敬业开始于个人的工作体验，是一个典型的、不能强制或强迫的个体决策，它涉及个体员工，而不是组织（Kahn，1990；Rich，2010；Shuck et al，2010）。员工敬业度是一种个人经验，与人的个人主义本质密不可分（Simpson，2009）。

此外，员工敬业度是一种积极的、与工作相关的心理状态，包含认知、情感及行为成分，以精力、卷入为特征。敬业能够在情感、认知上体验到，能够在行为上显现。它是态度、行为复合概念。敬业度中的奉献、卷入等认知、情感成分反映了员工的态度，而活力、专注等维度部分体现出员工的体能投入，更偏重于个体行为，或者说通过员工行为得以展现出来。到目前为止，对于员工敬业度概念的界定仍然存在很大的争议，没有一个统一的定义。

7.2.3　人力资源管理强度与员工敬业度的关系

鲍恩和奥斯特洛夫（Bowen & Ostroff，2004）认为人力资源管理强度能够解释人力资源实践如何导致组织结果。他们认为，员工对人力资源管理系统的感知将导致期望的行为和结果，但是并没有对这一联系进行实证检验。然而有一些经验证据表明人力资源管理强度与绩效之间的关系（Gomes et al，2010；Guest et al，2011；De Winne et al，2012；Frenkel et al，2012；Sanders et al，2012）。目前还不清楚独特性、一致性和共识性这些维度是如何相互关联的，以及它们是如何影响绩效的。

在本研究中，以员工敬业度作为绩效指标。首先，分析人力资源管理强度与组织成员的敬业度之间的关系。其次，采用不同视角来探讨人力资源管理强度与不同组织成员——员工、人力资源专业人员和直线管理人员之间敬业度的关系。

在人力资源管理和绩效文献中，有学者认为人力资源管理对更近端的结果（如人力资源结果）的影响要大于对财务结果的影响（Guest et al，2011）。在本研究中，以社会交换理论（Blau，1967）作为框架来解释人力资源管理强度与绩效之间的关系。社会交换理论建立在互惠原则的基础上。将其应用于人力资源管理方面，即员工对人力资源管理进行感知，进而根据此感知做出一定的反应，展现出相应的情感、认知和行为（Wright et al，2007）。因此，如果员工认为人力资源管理是独特的、一致的和形成共识的，他们会觉得组织关心他们的福祉。这会促使他们采取被期望的态度和行为，最终影响组织结果（Gilbert et al，2011）。本研究中，重点将放在近端结果上即组织成员的敬业度，因为它与员工的一些积极或消极行为反应关系密切，如工作表现、旷工、离职倾向和组织公民行为（Sanders et al，2008；De Winne et al，2012）。

员工是否敬业可以由组织的人力资源系统来决定，因为员工会根据他们对人力资源管理系统的感知做出反应。一个独特性、一致性和共识性都较高的人力资源管理系统可以提升情境解释的清晰度，在员工中产生相似的"认知地图"，创造出一个"影响情境"（Bowen & Ostroff，2004）。罗斯等（Ross et al，1991）指出，社会情境创造了强有力的力量去产生或约束行为。强有力的情境，能诱导出最佳的反应模式，为最佳反应的绩效提供激励，并培育员工具备令人满意的意义建构和执行所必需的技能。因此，人力资源管理强度越高，员工工作态度及行为越积极（李敏等，2011）。强势的人力资源管理系统通过强情境实现信息的有效传递和员工有效感知，员工自然会积极、努力、高效地开展工作。

1. 普适性方法

首先，我们采取一种普适性的方法。这意味着自变量和因变量之间存在着一种普遍的关系（Delery et al，1996）。将普适性方法运用到人力资源管理强度的背景下，意味着员工感知到人力资源管理系统的独特性、一致性或共识性程度越高，员工敬业度就越高。独特性是与人力资源实践的内容有关。如果员工感知和理解了人力资源实践的内容：组织支持他们，他们就会知道他们被期望的是什么，那么他们就会展现出组织所期望的态度和行为（Bowen & Ostroff，2004）。另外，如果员工感知到关于组织目标和个人行为及奖励一致的人力资源管理信息，他们就更有可能展露所被期望的态度和行为（Bowen & Ostroff，2004）。此外，如果人力资源管理决策者之间存在共识，如果他们的行为是一致的，将促进员工之间达成共识，这有助于形成关于哪些行为是被期望和奖励的共同理解。紧接着，员工更有可能展现出这种行为（Bowen & Ostroff，2004）。因此，如果组织成员收到一系列清晰、一致和明确的 HRM 信息，认为组织对他们进行投资，他们将以更高的敬业度回报组织（Gilbert et al，2011；Kehoe et al，2013）。

鉴于此，提出以下假设：

假设 1：人力资源管理强度的独特性、一致性和共识性分别与员工敬业度呈正相关关系

2. 构型的方法

另一种解释人力资源管理强度与员工敬业度关系的方法是采用构型的方法。这种方法认为，有多种可以导致最大绩效的独特的因素组合（Delery et al，1996）。一种重要的采用构型方法的理论是 AMO 理论（Appelbaum et al，2000）。因此，本书采用 AMO 理论来解释人力资源管理强度与员工敬业度之间的关系。

AMO 理论最早是由阿佩尔鲍姆（Appelbaum）提出，主要内容是如果人力资源管理能够满足员工的技能、动机和机会的要求，组织的利益将最大化，其理论模型可以用下面的公式表示：

员工绩效 = f［员工能力（A），员工动机（M），员工机会（O）］

员工绩效是指由员工本人所控制、与组织目标实现相关的行为。根据坎贝尔（Campbell，1993）的绩效理论，决定员工绩效的是陈述性知识、过程性知识、技能和动机。陈述性知识指完成任务所必需的知识、技能、原理和程序。过程性知识和技能是实际承担工作中所需要的技能。动机是员工选择努力的时机、水平和时间的长短。员工知识、技能和动机的联合和相互作用决定了员工的绩效。尽管员工能力和努力是决定个人绩效的关键要素，但是从更高的层面上分析，员工还是需要合适的态度和动机来实现这些贡献。根据 AMO 理论，人力资源管理影响员工绩效有三种机制。第一，人力资源管理直接影响员工完成任务的能力，主要是满足员工的知识、技能和能力需求。第二，人力资源管理影响员工完成任务的动机，主要是对完成任务的员工提供激励和报酬，告诉员工那些行为是组织所期望、支持和奖励的。第三，员工工作机会。如果员工有工作的技能和动机，组织就必须为员工提供工作的机会。对于什么是合适的工作机会，学者们并没有一致的看法，一般包括工作结构、参与水平和授权。刘咏梅（Liu et al，2007）识别了 10 项影响组织绩效的互补性人力资源管理实践。这些实践构成三个人力资源束以提高员工技能、动机，给员工提供工作机会。人力资源束之间及内部具有很强的互补性，因此人力资源管理实践构成一个统一的人力资源管理系统。

根据 AMO 理论，我们可以采用不同的模型来解释人力资源管理与绩效的关系。第一个模型是加法模型（Delery，1998），假设各因素之间存在替代关系。能力、动机和机会这些因素对绩效有直接和独立的影响，增加其中一个因素就会提高组织的绩效（Nehles et al，2010）。这一思路也适用于人力资源管理强度，即组织绩效是独特性、一致性和共识性加总的函数（P = D + C + C）。这意味着这些维度可以相互补偿。一个高水平的维度将补偿另一个低水平的维度（Nehles et al，2010）。如果其中一个维度得到改善，这将对员工敬业度产生积极影响。因此，提出以下假设：

假设 2：独特性、一致性和共识性的加法效应与员工敬业度呈正相关关系

另一个可采用的模型是乘法模型。人力资源管理系统可能存在正或负的协同效应（Delery，1998）。在 AMO 理论中，这意味着如果能力、动机或机会缺一，那么绩效就不会产生（Nehles et al，2010）。加法模型假设人力资源管理强度的维度是补偿的，而采用乘法模型时，它被假定为独特性、一致性和共识性是相辅相成的（Delery，1998）。因此，绩效是独特性、一致性和共识性乘法效应的函数（P = D × C × C）。这种三方互动的含义是，组织的人力资源管理系统应至少在一定程度上呈现出独特性、一致性和共识性，以便产生员工敬业度。如果员工不能同时感知到独特的、一致的、共识的人力资源管理系统，他们就不会对组织产生归属感。因此，提出以下假设：

假设 3：独特性、一致性和共识性的乘法效应与员工敬业度呈正相关关系

3. 调节效应

虽然上文认为这三个维度共同对员工敬业度产生影响，但是我们也不能完全排除双重作用效果的发生。假设有调节效应时，意味着如果不存在另一个维度，人力资源管理强度的某些特征不会直接影响员工敬业度。关于这点，我们可以在鲍恩和奥斯特洛夫（Bowen & Ostroff，2004）的论文中找到一些证据。然而，对于独特性、一致性和共识性之间相互关系的研究却很少。戈麦斯等（Gomes et al，2010）将一致性和共识性作为独特性的前提。他们认为，独特性是最重要的，一致性和共识性会影响独特性，但他们并没有解释

为什么会存在这种关系。弗伦克尔等（Frenkel et al，2012）将独特性、一致性与共识性的一个维度——公平联系起来。他们发现，独特、有吸引力、持续实施的人力资源系统会影响员工对组织公平的看法。为了更好地理解人力资源管理强度所属维度之间的相互关系，本文在没有对所建议的关系进行明确的理论解释的情况下，提出了探索性的双向交互作用的假设。

一般认为，独特性是绩效的先决条件。这意味着，在缺乏可观察到的能够吸引员工注意和兴趣的人力资源实践下，一致性和共识性并不会直接影响组织绩效（Bowen & Ostroff，2004；Kim et al，2011）。如果员工没有观察到人力资源管理实践，他们就不能感知到一致的人力资源管理信息，或者不能认同这个信息。鲍恩和奥斯特洛夫（Bowen & Ostroff，2004）给出了一些关于共识性对独特性调节作用的论证。如果人力资源决策者对人力资源管理信息意见一致，那么更多的人会对该人力资源管理信息表现出同样的理解。这提高了人力资源实践的可见性。此外，人力资源决策者之间的共识促进了与组织战略一致的人力资源战略的制定和实施，从而促进了人力资源管理系统的相关性和合法性（Bowen & Ostroff，2004）。因此，提出以下假设：

假设4a：共识性正向调节独特性和员工敬业度之间的关系

正如鲍恩和奥斯特洛夫（Bowen & Ostroff，2004）所指出的，独特性确保了人力资源管理系统定义员工行为的社会背景，一致的人力资源管理信息提高了员工所期望的行为展现的可能性。贯穿于组织的人力资源实践的一致的沟通和实施提高了人力资源管理系统的可见性、可理解性和相关性，并促进了人力资源管理系统的共享含义的创建（Bowen & Ostroff，2004），这反过来又会对员工敬业度产生积极影响。按计划实施的人力资源实践，加强了人力资源管理系统独特性和员工敬业度之间的关系。因此，提出以下假设：

假设4b：一致性正向调节独特性和员工敬业度之间的关系

贯穿于整个组织的一致的人力资源管理信息，传达信号给员工，他们的行为哪些是组织所期望和被奖励的（Bowen & Ostroff，2004）。然而，一致性和员工敬业度之间的关系可能会因人力资源决策者之间的分歧而受到阻碍。当人力资源负责人没有达成一致时，就会出现非官方的人力资源管理消息与官方的明确的人力资源管理信息不同，这将导致员工对人力资源管理信息的不同解读（Bartram et al，2007）。但是，如果高层管理人员和人力资源经理就组织的人力资源目标达成一致，或者在人力资源经理和部门经理之间就人力资源的实施达成一致，那么这将强化在整个组织内的明确和一致的人力资源管理信息的交流。此时，一致性对员工敬业度的影响将变得更强。因此，提出以下假设：

假设 4c：共识性正向调节一致性和员工敬业度之间的关系

在鲍恩和奥斯特洛夫（Bowen & Ostroff，2004）的论文中可以找到关于独特性对一致性和员工态度变量之间关系的调节效应的不太明确的论证。一致性使员工从组织获得一致的人力资源管理信息，它对于员工树立正确的观念、指导员工按照组织要求行事具有十分重要的作用。前后不一致或相矛盾的信息会造成员工思想混乱，使其无所适从，最终导致行动的懈怠或不作为。计划的人力资源实践和实施的人力资源实践的一致性，会积极促进员工敬业行为的产生。如果员工真正了解公司的人力资源实践，如果员工理解组织对他们的期望，如果员工认为人力资源实践对他们自己的目标很重要，一致性与员工敬业度之间关系就会变得更强。因此，提出以下假设：

假设 4d：独特性正向调节一致性和员工敬业度之间的关系

在人力资源决策人员对人力资源管理信息缺乏共识的情况下，组织不可能传达清晰而一致的人力资源管理信息。如果在人力资源管理的主要决策者之间达成共识，这将会促进员工之间的共识。如果组织成员感知到人力资源管理决策者之间的共识，这将有助于员工形成关于预期行为的共同解释，而这反过来又会对他们的员工敬业度产生积极的影响。此外，如果组织成员得到一致的人力资源管理信息，这些信息会告诉员工哪些行为是组织期望的和受奖励的，这会强化共识性对员工敬业度的影响。因此，提出以下假设：

假设 4e：一致性正向调节共识性和员工敬业度之间的关系

如果人力资源管理决策者就人力资源措施的制定和实施达成共识，并被解释为可见的、可理解的和相关的人力资源实践，那么共识性对员工敬业度的影响将会更加强烈。因此，提出以下假设：

假设 4f：独特性正向调节共识性和员工敬业度之间的关系

7.2.4 研究模型

基于对文献的回顾，本书得出如下结论：人力资源管理强度与员工敬业度正相关。人力资源管理强度各维度之间存在一定关系。

综合上文所提出的假设，本书建立如下研究模型（见图7-1）。

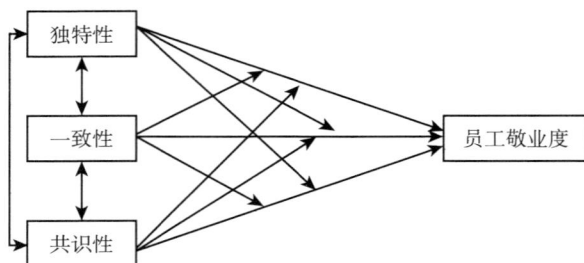

图 7-1　人力资源管理强度与员工敬业度之间的假设关系

7.3　研究方法与数据

7.3.1　公司介绍

上海 YL 信息科技股份有限公司成立于 2014 年 7 月，总部位于上海，在苏州、武汉、长沙等地设有分公司。该公司采用 O2O 模式，打通人力资源产业链，为蓝领工人提供全方位的人力资源服务平台。主要业务领域包括代理招聘、劳务派遣、岗位外包、制造外包等。公司所创建的招聘网站，是中国第一个致力于高匹配度的大众招聘移动平台。每天大约 10 万个岗位，使其逐渐成为 "80 后" "90 后" "00 后" 在读学生、毕业学生、社会求职青年进入职场的重要途径。未来 5 年，该网站将拥有 300 个分支服务机构，1000 家以上分布全国的线下服务体验店，上千人的呼叫服务中心，为中国 3 亿以上的基础人才和数万家国际国内知名平台提供全方位的人力资源服务。

公司现有员工 2459 人，主要分为业务类和职能类两大部分。业务类包括网络招聘人员、散招人员、供应商开发人员、学校开发人员、市场开发人员。职能类包括行政、人事、财务、项目人员、审计人员等，为业务类员工提供后勤服务支持。人力资源、财务和审计管理等支持性功能在总部组织，各分公司也有相应的对接人员。

7.3.2 研究设计

为了研究人力资源管理强度与员工敬业度之间的关系，本文进行了案例研究。案例研究需要对一个特定现象进行深入研究。本研究以上海 YL 公司为对象，对研究背景和其人力资源管理实施情况进行了详细的分析。这家公司之所以被选中，主要有几个理由：首先，该公司约有 2500 名员工，人员众多，且员工以"80 后"青年居多，是当前劳动力市场的就业主力，具有很强的代表性。其次，该公司业务范围较宽，种类较多，便于对不同业务单元的人力资源管理感知情况进行比较。最后，该公司在各地有不同的分支机构，人力资源部和业务人员之间联系并不密切，这对人力资源有效性可能会有一定影响。这种情况在很多大型公司中都存在。以其为代表，分析总部与业务机构分离情况对人力资源有效性的影响具有一定普遍意义。

7.3.3 数据收集方法及程序

本研究以问卷调查为主，辅之以文献分析等方法收集数据。由于时间所限，本研究没有采用纵向设计，只是进行了横截面研究。本书的数据收集方法有：

1. 问卷调查

为了检验人力资源管理强度与员工敬业度之间的关系，本研究设计并面向全公司员工进行抽样调查。

本研究在前人问卷的基础上，修改后设计了此次调查问卷，以检验人力资源管理强度与员工敬业度之间的关系。在设计问卷的过程中，我们先后征询了 5 位组织内外部的人力资源专业人员的意见。人力资源经理在公司内部网中发布了一份关于开展本研究的公告，邀请员工自愿参与研究。愿意参与的员工们会收到一个 Word 文档，里面包含了关于研究目标、研究内容、填写调查问卷的方式，以及匿名保密等信息。回复时间定为 2 周。在 1 周之后，向被调查者发送一封电子邮件，提醒他们按要求及时认真填写问卷。完成问卷大约需要 10 分钟。

此次共调查了 800 人，回收有效问卷 676 份，有效率为 84.5%，其中包括普通员工 595 人，基层管理者 51 人，人力资源从业人员 30 人。

2. 文献分析

为了深入了解组织结构、人力资源部门的组织，人力资源政策和人力资源实践，以及组织与员工沟通的方式，我们通过登录上海 YL 公司网站，到公司调研，大量收集并深入阅读该公司人力资源管理方面的文件，如人力资源政策、措施和程序，工作说明书，其他有关人事方面的规章制度等。

具体而言，通过该公司官网我们分析了其组织结构、公司的使命愿景以及为客户所提供的服务。此外，我们还对大量人力资源相关文件进行了分析。人力资源政策及程序、工作说明书提供了对计划的人力资源政策和实践的考察，人力资源部门提供的人力资源服务以及实际执行的方式。通过人力资源部和业务部门的工作描述，我们了解了组织内部的人力资源责任分工。人力资源战略提供了人力资源部门人力资源服务交付模式方面的信息。在选择相关文件时，主要标准是能否提供有关组织或人力资源的相关信息。

7.3.4 研究工具

为了验证人力资源管理强度与员工敬业度之间的关系，上文研究模型中所包含的变量都需要进行操作化处理，转化为问卷的题目。参与调查的员工被要求填写一份关于人力资源管理强度及员工敬业度的问卷。由于所使用的量表最初是用英语表述的，因此本研究将其翻译成了汉语。

1. 人力资源管理强度

人力资源管理强度意味着向员工传达一致的和明确的信息，以实现组织预期和奖励的行为。人力资源管理强度包含独特性、一致性和共识性三个维度。为了测量人力资源管理系统的强度，本文根据德尔莫特等（Delmotte et al，2012）开发的量表进行了相应的调整。

本研究中测量人力资源管理强度的题目共有 14 个。独特性指的是人力资源管理可观察到的程度，包含 5 个题目，如 "员工经常被告知人力资源部门所采取的行动"。一致性指的是人力资源管理系统和人力资源信息的一致性，由 5 个题目组成，如 "人力资源措施的预期效果与实际效果之间存在很大差距"。共识性反映了人力资源管理决策者对人力资源管理的认知一致性程度，包括 4 个题目，如 "人力资源管理和直线管理显然是协调一致的。" 这些题目全部采用李克特五点量表来衡量。修改后各分量表的克朗巴哈系数从 0.741 ~ 0.801，总量表的克朗巴哈系数为 0.830。所有的克朗巴哈系数值都超过了 0.70（Field，2009）的阈值。

2. 员工敬业度

本研究以肖菲利（Schaufeli，1986）开发的量表为基础进行了相应的修改。该量表由 6 个题目组成，如 "我对工作富有热情"。与前文人力资源管理强度测量不同，员工敬业度为了增加区分度，采用李克特七分量表来衡量。该量表的克朗巴哈系数为 0.838。

此外，为了排除其他因素的影响，本研究将员工的性别、年龄、文化程度、工龄、职位等因素作为控制变量加以考虑。

3. 信度和效度分析

为了测试量表题目是否与研究所预期的因素相同，本部分进行了探索性因子分析。本研究包括四个变量：独特性、一致性、共识性和员工敬业度。这些变量分别由若干题目组成，如表 7 - 1 所示。

对于人力资源管理强度，首先进行 KBO 测量和 Bartlett 球形检验，KBO 为 0.836，χ^2 为 876.640（自由度为 78），显著性水平为 0.000，表示人力资源管理强度各题目间共享因素，适合进行因子分析。采取主成分分析法，抽取特征值大于 1 的因子并做斜交旋转，产生 3 个因子，各题目所属因子与预期一致，共解释了 65.473% 的变异量。其中，独特性解释 27.276% 的变异量，一致性解释了 20.145% 的变异量，共识性解释了 18.052% 的变异量。3 因素模型各题目在因素上的负荷量均达到 0.5 可接受标准，显示出较好的聚合效度和区分效度。其次，验证性因子分析显示，所有指标均达到令人满意的水平，CFI、GFI 和 NFI 分别为 0.924、0.910 和 0.919，均在 0.90 以上；

RMSEA 为 0.063，在 0.08 以下（McDonal & Ho，2002）。克朗巴哈系数均高于 0.70 的阈值（总量表为 0.830，独特性分量表为 0.801，一致性分量表为 0.798，共识性分量表为 0.741）。

对于员工敬业度，首先仍然进行 KBO 测量和 Bartlett 球形检验，KBO 为 0.890，χ^2 为 383.683（自由度为 21），显著性水平为 0.000，表示员工敬业度各题目间共享因素，适合进行因子分析。采取主成分分析法，抽取特征值大于 1 的因子，产生 1 个因子，与肖菲利等（Schaufeli et al，1986）研究一致，共解释了 61.033% 的变异量。各题目在因素上的负荷量均达到 0.5 可接受标准，聚合效度和区分效度较好。其次，验证性因子分析显示，该模型的拟合度很好（CFI = 0.972，GFI = 0.958，NFI = 0.949，RMSEA = 0.060）。同时，该量表内部一致性系数也较高（Cronbach α = 0.838）。

上述分析结果表明：人力资源管理强度和员工敬业度的量表是有效的和可靠的。

表 7 – 1　　　　　　　　　　　　　问卷信度分析

变量	定义	题　目	来源及 Cronbach α 系数
人力资源管理强度：向员工传达明确的信息，告诉他们哪些行为是组织所期待的和奖励的（Bowen & Ostroff，2004；Delmotte et al，2012）			
独特性	使 HRM 措施在环境中突出进而吸引员工注意并激起兴趣的特征	单位的人力资源部门能够为组织带来较高的附加价值 单位所实施的人力资源实践措施是相互配套的 人力资源部门提出的许多实践措施是无用的 员工被定期告知人力资源部门所采取的措施 在本单位中，哪些任务属于人力资源部门、哪些不属于，这是很清楚的	改编自 Delmotte et al.（2012），5 题，α = 0.801
一致性	不管何种形式，人力资源管理措施都能可信赖的、一致的执行，其效果已经跨越时间、方式	人力资源部门开发的评估过程，在实践中并没有产生预期效果 人力资源管理措施的预期效果与实际结果之间有很大的差距 就同一管理目的而言，各种人力资源措施发送的信号不一致 人力资源部门采取的连续性举措经常发生严重冲突 在本单位中，人力资源部门的言行所传递的人力资源管理信息之间有明确的一致性	改编自 Delmotte et al.（2012），5 题，α = 0.798

变量	定义	题　目	来源及Cronbach α 系数
共识性	员工对事件 - 结果关系的看法是一致的	人力资源管理和直线管理显然是协调一致的高层管理人员和人力资源管理部门共享相同的愿景 在本单位中，管理层一致支持人力资源政策 本单位的人力资源管理是建立在人力资源管理和直线管理相互协商的基础上	改编自 Delmotte et al.（2012），4 题，α = 0.741
员工敬业度：一种积极的、充实的、与工作相关的更持久的、普遍的情感认知状态，以活力、奉献和专注为特征（Schaufeli et al，2002）			
员工敬业度	员工将身体、认知、情感的自我投入到工作角色中，并对他们的工作及经历产生影响	我对工作富有热情 我为自己所从事的工作感到自豪 工作时我感到自己强大并且充满精力 我可以一次连续工作很长时间 对我来说，我的工作是具有挑战性的 工作时，即使感到精神疲劳，我也能够很快地恢复	改编自 Schaufeli（1986），6 题，α = 0.838

7.4　研究结果及分析

本研究使用 SPSS 处理和分析问卷数据，并用回归分析来检验上文所表述的假设。第一，检验人力资源管理强度各维度对员工敬业度的独立影响；第二，通过增加自变量方式来测试人力资源管理强度各维度对员工敬业度的加法效应；第三，验证人力资源管理强度各维度对员工敬业度的乘法效应。第四，探讨独特性、一致性和共识性对人力资源管理各维度与员工敬业度之间直接关系的调节作用，以研究人力资源管理强度各维度之间的相互关系。此外，采用演绎方法对文献分析、人员访谈等定性研究方法所获取的关于人力资源管理系统有效性的详细信息进行分析。

7.4.1　描述性统计分析

表 7 - 2 中给出了所有变量的均值，标准差和相关系数。由表 7 - 2 可知，人

力资源管理强度的三个维度均与员工敬业度相关：独特性（R＝0.54，P＜0.001）、一致性（R＝0.49，P＜0.001）、共识性（R＝0.41，P＜0.001）。由相关程度可以看出，与共识性相比，独特性和一致性是人力资源管理强度的更好预测因子。此外，人力资源管理强度的各维度是相互关联的：独特性和一致性正相关（R＝0.62，P＜0.001），独特性和共识性正相关（R＝0.57，P＜0.001），一致性和共识性也正相关（R＝0.54，P＜0.001）。相关系数较高表明可能存在多共线性问题。为了检验独特性、一致性和共识性之间是否存在多重共线性问题，本研究分析了方差膨胀因子。结果显示，方差膨胀因子的范围从1.581到4.257，数值很低。所有的方差膨胀因子都低于10的阈值，因此多重共线性并不起作用。从控制变量来看，年龄、工龄、文化程度及职位与人力资源管理强度相应维度、员工敬业度存在一定程度的相关。这为人力资源管理强度各维度与员工敬业度之间关系的进一步分析提供了基础。

表7－2　　　　　　　　变量的均值、标准差和相关系数（N＝676）

变量	M	SD	1	2	3	4	5	6	7	8	9
1	1.38	0.49	1								
2	1.21	0.41	-0.16**	1							
3	2.09	0.63	-0.19**	-0.07	1						
4	1.14	0.35	-0.07	0.22**	0.14	1					
5	3.42	1.04	0.12**	-0.01	0.21**	0.26**	1				
6	4.50	0.37	0.02	0.12**	0.08	0.16*	0.13	1			
7	4.26	0.35	0.15	0.02	0.11*	0.12**	0.14**	0.62***	1		
8	4.22	0.32	-0.02	0.11	0.13*	0.12**	0.11**	0.57***	0.54***	1	
9	4.55	0.48	0.02	0.18*	0.03	0.15*	0.12*	0.54***	0.49***	0.41***	1

注：1 性别；2 年龄；3 文化程度；4 工龄；5 职位；6 独特性；7 一致性；8 共识性；9 员工敬业度。*** 表示在0.001水平下显著；** 表示在0.01水平下显著；* 表示在0.05水平下显著（均为双尾检验）。

7.4.2　直接影响

为了研究人力资源管理强度各维度与员工敬业度之间的关系，首先通过线性回归检验各维度对员工敬业度的直接影响。结果见表 7 - 3。

表 7 - 3 　　　　　　　　人力资源管理强度对员工敬业度的直接影响

项目	模型 1	模型 2	模型 3	模型 4
常数项	4. 377 ***	3. 367 ***	2. 898 ***	3. 050 ***
性别	0. 029	0. 021	− 0. 038	0. 018
年龄	0. 141 **	0. 183 *	0. 191 *	0. 166 *
文化程度	− 0. 016	− 0. 021	− 0. 002	− 0. 027
工龄	− 0. 120	− 0. 132	− 0. 125	− 0. 084
职位	0. 076 *	0. 066 *	0. 109 **	0. 110 **
独特性		0. 424 ***		
一致性			0. 420 ***	
共识性				0. 382 ***
R^2	0. 068	0. 231	0. 213	0. 209
调整后 R^2	0. 043	0. 202	0. 197	0. 188
F	4. 359 **	28. 766 ***	26. 155 ***	25. 432 ***
P	0. 001	0. 000	0. 000	0. 000

注： *** p < 0. 001， ** p < 0. 01， * p < 0. 05。

　　模型 1 只包含控制变量。员工年龄越大，敬业程度就越高（0. 141）。职位越高的员工，敬业程度就越高，但这种影响很小（0. 076）。假设 1 提出独特性、一致性、共识性分别与员工敬业度存在直接地正相关关系。结果证实了这一假设：人力资源管理强度的各维度与员工敬业度之间有着密切的关系。

　　以人口统计学各因素为控制变量，分别引入独特性、一致性和共识性后，回归方程显著，各模型的 F 值明显增大，表明与仅包含控制变量的模型相比，包含人力资源管理各维度的模型更能预测员工敬业度。独特性解释了组织成员的敬业度变异的 23. 1%，而一致性、共识性分别解释了员工敬业度变异的 21. 3% 和 20. 9%。三者都能很好地预测组织成员的敬业度。具体而言，独特性显著地正向影响员工敬业度（β = 0. 424，P = 0. 000），这表明那些感知到人力资源管理系统更加突出的员工会积极为公司奉献精力、热情及才智。一致性与员工敬业度显著正相关（β = 0. 420，P = 0. 000）。员工感知到贯穿于整个组织的一致的 HRM 信息时，会更加敬业。结果还表明，共识性正向影响员工敬业度（β = 0.382，P = 0.000）。员工感知到人力资源管理系统的共识程度越高，他们对组织的情感及精力投入程度就越高，即越敬业。此外，独特性对员工敬业度的作用力度大于一致性和共识性的作用。

回归分析表明，人力资源管理强度所属的三大维度都是员工敬业度的良好预测因子。此外，独特性是员工敬业度的最佳预测因子。

7.4.3 加法效应

相关分析的结果表明，独特性、一致性和共识性是相互关联的。为了检验这些相互关系，本研究提出了几个假说。假设 2 认为人力资源管理强度的三个维度是补偿性的。独特性、一致性和共识性的独立影响可以叠加在一起，共同影响组织成员的敬业度。为了检验公式 AC = D + C + C，本研究进行了多元回归分析。多元回归分析结果见表 7 - 4。

表 7 - 4　　　　　　　　人力资源管理强度对员工敬业度的加法效应

项目	模型 1	模型 2
常数项	4.377 ***	1.548 **
性别	0.029	0.035
年龄	0.241 **	0.183 *
文化程度	− 0.018	− 0.073
工龄	− 0.120	− 0.229 *
职位	0.076 *	0.053 *
独特性		0.328 ***
一致性		0.308 ***
共识性		0.190 **
R^2	0.068	0.310
调整后 R^2	0.043	0.280
F	4.359 **	50.073 ***
P	0.001	0.000

注：*** p < 0.001，** p < 0.01，* p < 0.05。

分析结果支持了假设 2：独特性、一致性和共识性的加法效应与员工敬业度呈正相关关系（F = 50.073，P = 0.000）。加法模型表明，如果组织成员同时感知到人力资源管理系统的独特性、一致性和共识性，那么他们就会更加敬业。此外，加法效应还表明组织在人力资源管理强度某一维度上的低分数可以通过其他维度的高分数来弥补。独特性（β = 0.328，P = 0.000）、一致性（β = 0.308，P = 0.000）和共识性（β = 0.190，P = 0.003）都是员工敬业度的重要预测因子。系数比较显示，独特性对员工敬业度的影响最大，一致性也有中等程度的影响，共识性的影响最小。

结果显示，加法模型所解释的因变量变异为 31.0%，这表明在员工敬业度的变异中，独特性、一致性和共识性的总和可以解释 31.0% 的变异。F 值变化明显，回归方程显著，表明包含人力资源管理强度所有维度的模型比仅包含控制变量的模型 1 更能预测员工敬业度。此外，加法模型（31.0%）所解释的变异量表明，该模型比仅包含直接影响的模型更能预测员工敬业度，因为直接模型的解释变异较低（解释变异从 20.9% 到 23.1%）。

7.4.4 乘法效应

在检验人力资源管理强度各维度对员工敬业度的双向和三方交互作用之前，需要对自变量和控制变量进行中心化处理，以克服多重共线性的问题。

假设 3 提出了人力资源管理强度三个维度之间的乘法效应。表 7 - 5 的结果表明乘法模型具有显著性（F = 54.785，P = 0.000）。多元回归分析表明，虽然系数很小（ - 0.021），但存在显著的负的三方交互效应。直接影响虽然显著，但双向交互作用却不显著。分析结果还显示，人力资源管理强度的各维度是互补的。因此，如果三个维度之一的表现很差，这将导致员工敬业度的降低，除非在人力资源管理强度的其他维度上得分较高。

表 7 - 5   人力资源管理强度对员工敬业度的乘法效应

项目	模型 1	模型 2	模型 3	模型 4
常数项	4.377 ***	1.548 **	1.572 ***	1.701 ***
性别	0.029	0.035	- 0.028	- 0.027

项目	模型 1	模型 2	模型 3	模型 4
年龄	0.241 **	0.183 *	0.108	0.106
文化程度	− 0.016	− 0.073	− 0.025	− 0.027
工龄	− 0.120	− 0.229 *	− 0.129	− 0.128
职位	0.076 *	0.053 *	0.096 **	0.110 *
独特性		0.328 ***	0.329 ***	0.333 ***
一致性		0.308 ***	0.313 ***	0.325 ***
共识性		0.190 **	0.197 **	0.227 **
独特性 × 一致性			− 0.029	− 0.025
独特性 × 共识性			0.068	0.106
一致性 × 共识性			− 0.089	− 0.079
独特性 × 一致性 × 共识性				− 0.021 *
R^2	0.068	0.310	0.312	0.321
调整后 R^2	0.043	0.280	0.281	0.289
F	4.359 **	50.073 ***	35.228 ***	54.785 ***
P	0.001	0.000	0.000	0.000

注：*** $p < 0.001$，** $p < 0.01$，* $p < 0.05$。

由表 7 – 5 可知，仅包含双向交互作用的模型 3 的 F 值显著，它解释了因变量变异的 31.2%，与加法模型相比，基本没有变化。而模型 4 的 F 值是显著的，回归方程也显著。模型 4 中包含三方交互效应，解释了员工敬业度变异的 32.1%，这意味着该模型稍微优于解释因变量的变异为 31.0% 的加法模型。

综上可知，人力资源管理强度三维度之间的确存在三方交互作用。如果组织成员感知到人力资源管理系统是独特的、一致的和共识的，他们会更加敬业。

7.4.5 调节效应

假设 4a 到 4f 是对人力资源管理强度各维度的调节作用的命题。我们从理论上并不清楚三维度中哪一个能够作用于其他维度，因此所有可能的调节作用都被检验了。调节效应分析需要同时包含自变量和调节变量。因此，只有在人力资源管理强度的两个维度之间存在显著的交互作用时，才有可能进行检验。多元回归分析结果如表 7 - 6 所示。

表 7 - 6　　　　人力资源管理强度各维度对员工敬业度的调节效应

项目	模型 1	模型 2	模型 3	模型 4	模型 5
常数项	4. 377 ***	1. 548 **	1. 572 ***	1. 572 ***	1. 701 ***
性别	0. 029	0. 035	- 0. 027	- 0. 027	- 0. 027
年龄	0. 241 **	0. 183 *	0. 107	0. 107	0. 108
文化程度	- 0. 016	- 0. 073	- 0. 035	- 0. 035	- 0. 035
工龄	- 0. 120	- 0. 229 *	- 0. 129	- 0. 129	- 0. 128
职位	0. 076 *	0. 053 *	0. 066 *	0. 067 *	0. 066 *
独特性		0. 328 ***	0. 326 ***	0. 326 ***	0. 326 ***
一致性		0. 308 ***	0. 311 ***	0. 313 ***	0. 312 ***
共识性		0. 190 **	0. 192 **	0. 191 **	0. 192 **
独特性 × 一致性			- 0. 029		
独特性 × 共识性				- 0. 040 *	
一致性 × 共识性					- 0. 031
R^2	0. 068	0. 310	0. 312	0. 312	0. 312
调整后 R^2	0. 043	0. 280	0. 269	0. 269	0. 269
F	4. 359 **	50. 073 ***	36. 825 ***	36. 982 ***	35. 578 ***
P	0. 001	0. 000	0. 000	0. 000	0. 000

注： *** $p < 0.001$， ** $p < 0.01$， * $p < 0.05$。

假设 4a 提出独特性和员工敬业度之间的关系由共识性来调节。结果表明，独特性与共识性有显著的交互作用（t = - 2.082，P = 0.04）。为了进一步分析这种交互作用，本研究进行了简单斜率分析，分析结果见表 7 - 7。简单斜率分析表明，低共识性（t = 8.512，P = 0.000）和高共识性（t = 6.679，P = 0.000）对独特性和员工敬业度之间关系有显著的调节效应。交互作用图表明：在感知到人力资源管理系统独特性的条件下，没有感知到共识性的组织成员比感知到共识性的员工敬业度更低。在低共识性时，这一关系最为强烈（系数为 0.302），即当员工感知到人力资源管理系统低共识的时候，独特性对员工敬业度的影响最大。

表 7 - 7 共识性对独特性调节效应的简单斜率分析

项目	模型 1	模型 2
自变量	独特性	独特性
调节变量	低共识性	高共识性
T 值	8.512***	6.679***
系数	0.302	0.248

注： ***p < 0.001，**p < 0.01，*p < 0.05。

由表 7 - 6 可知，多元回归分析并没有显示独特性与一致性之间、一致性与共识性之间存在显著的交互作用，因此假设 4b、假设 4c、假设 4d、假设 4e 都不能得到支持。

假设 4f 认为独特性调节共识性和员工敬业度之间关系。由表 7 - 8 可知，独特性和共识性之间有显著的交互作用（t = - 2.082，P = 0.04），该假设得到支持。我们通过简单斜率分析，进一步研究了独特性对共识性与员工敬业度之间关系的调节作用，结果如表 7 - 8 所示。简单斜率分析发现：独特性对共识性与员工敬业度之间关系的调节效果显著，不管是低独特性（t = 6.002，P = 0.000）还是高独特性（t = 4.571，P = 0.000）。此外，这种调节关系在较低的独特性时略强一些（β = 0.203），而较高的独特性时略弱一些（β = 0.139）。当组织成员感知到人力资源管理系统的共识性时，没有感知到独特性的员工与感知到独特性的员工相比，其敬业行为较少。在低独特性的条件下，共识性对员工敬业度的影响最大。

表 7－8　　　　　　　　　独特性对共识性调节效应的简单斜率分析

项目	模型 1	模型 2
自变量	共识性	共识性
调节变量	低独特性	高独特性
T 值	6.002 ***	4.571 ***
系数	0.203	0.139

注：*** p < 0.001，** p < 0.01，* p < 0.05。

综上，只有在人力资源管理强度的独特性和共识性之间存在显著的双向交互作用。这表明，当组织成员感知到人力资源管理系统达成共识时，独特性和员工敬业度之间的关系会变得更强。同时，独特性加强了共识性与员工敬业度之间的关系。研究没有发现一致性的双向交互作用。只有当独特性和共识性都存在时一致性才会对员工敬业度产生影响。双向交互模型解释了员工敬业度变异的 31.2%。该模型比仅包含直接影响的模型更能预测因变量（最高解释的变异为 23.1%）。虽然改进很小，但是双向交互模型仅仅比加法模型（31.0%）好一点。比较上述各模型，三方交互模型是员工敬业度的最佳预测模型，其所解释的变异为 32.1%。

7.5　小　　结

7.5.1　人力资源管理强度与员工敬业度

实证结果表明，人力资源管理强度各维度对员工敬业度具有很强的直接影响。与设想一致，独特的人力资源管理系统通过传递可见的、可以理解的、合法的和相关的人力资源管理信息，使组织成员产生组织期望的态度和行为，从而提高员工的敬业度。如果组织的人力资源管理系统能够持续发出哪些行为是被期望和奖励的一致的人力资源信息，那么员工更有可能展现出这些行为，从而对组织成员的敬业度产生积极影响。高层管理者、人力资源专业人员和直线管理者之间形成共识促进了对人力资源管理系统的共同理解，这将对员工敬业度产生积极的影响。

直接效应是指人力资源管理强度的所有维度——独特性、一致性和共识性对员工敬业度具有直接和独立的影响。这与桑德斯等（Sanders et al，2012）的发现是一致的。直接模型解释的因变量变异从 20.9% 到 23.1% 不等。然而，进一步地研究结果表明，包含相互关系的模型更能预测员工敬业度。与直接效应模型相比，加法模型、双向交互模型和三方交互模型更能解释员工敬业度的变异。这表明，组织成员面对强势人力资源管理系统，即同时具备独特性、一致性和共识性时，他们会更加敬业。

加法模型得到了数据支持，这意味着人力资源管理强度的各维度是补偿的（Delery，1998）。独特性、一致性和共识性之和对组织成员的敬业度有显著影响。某一个维度较低时可以通过人力资源管理强度的其他维度来补偿。与此同时本研究还检验了双向交互作用。独特性和一致性、一致性和共识性的交互作用没有得到支持；只有独特性与共识性之间的交互作用通过了显著性检验。在预测员工敬业度时，双向交互模型（31.2%）仅比加法模型（31.0%）稍微好一点。

共识性对独特性的调节作用表明，人力资源管理决策者之间越一致，可观察到的人力资源管理系统对员工敬业度的影响就越强。人力资源管理决策者之间的共识意味着更多的人会在人力资源管理系统上发送类似的信息，此时员工更容易感知到融合了组织战略的人力资源管理信息，这必将促进员工敬业度。此外，本研究还发现了独特性对共识性和员工敬业度之间关系的调节效应。如果员工感知到组织通过可见的、可理解的和相关的人力资源实践投资于他们，那么当他们从组织内部的人力资源决策者那里感知到同样的人力资源信息时，他们会对组织产生更多的敬业行为。

本研究还发现了一种显著的三方交互效应。没有一个维度是另一个维度发挥作用的先决条件，三个维度是互补的。这表明，如果没有其中一个维度，那么组织成员就不会对组织有情感、精力上的投入。只有独特性、一致性、共识性联动时才能影响员工敬业度。

综上可知，本研究采用四个模型探讨了人力资源管理强度与员工敬业度之间的关系。这些模型都通过了显著性检验。直接模型所解释的因变量变异最低；加法模型和双向交互模型比直接模型解释了更多的变异；三方交互模型所能解释的变异最多。因此，三方交互模型是预测员工敬业度的最佳模型。

7.5.2 主要贡献

本书通过对人力资源管理强度所属维度的相互关系及其对员工敬业度影响的研究，整合了人力资源管理的内容与过程两种研究范式，有助于理解人力资源管理与绩效之间的关系。研究结果显示，包含人力资源管理强度三个维度的模型比直接模型更能预测员工敬业度。这表明，当组织成员同时感知到人力资源管理系统是独特的、一致的、共识的时候，他们会更加敬业。三方交互模型是解释人力资源管理强度各维度与员工敬业度之间关系的最佳模型。这意味着各维度是相辅相成的，人力资源管理强度的三个维度都需要在一定程度上展现出来，以便员工积极投身于组织。

7.5.3 实践建议

1. 进一步明确人力资源部门的职责

调研结果显示，YL 公司人力资源部门的可见性有待提高。目前，公司直线管理者和员工并不十分清楚谁负责哪些人力资源任务。公司人力资源部门应进一步进行工作任务分解，明确哪些具体的人力资源任务属于哪个人力资源角色，要执行这个角色需要哪些功能。这可以通过科学详细的工作描述来实现。此外，还要以一定方式如工作联席会议、电子邮件等详细告知直线管理者他们的人力资源任务。让直线管理者参加人力资源部门组织的重大人力资源政策或活动的研讨会，可以帮助他们了解自己的人力资源任务。

2. 让员工清楚如何联系人力资源部门

YL 公司应通过内部网络建立人力资源信息中心。员工和直线管理者都可以就他们所面临的人力资源问题联系这个中心。公司通过培训使员工明白哪些问题需要联系信息中心，哪些问题是直线管理者的职责。直线管理者可以联系人力资源信息中心，也可以向其他人力资源从业人员如人力资源经理或招聘顾问等寻求支持。因此，公司应该向直线管理者提供人力资源专业人员的联系手册，包括名字、分工领域、电话号码、微信或其他联系方式等。这样一来，员工和直线管理者就更容易在人力资源部门联系到合适的专业人员，更方便解决人力资源方面的专业问题。

3. 向员工提供清晰的人力资源信息

YL 公司向组织成员提供了大量的人力资源方面信息，但是这些信息传递给直线管理者和员工的方式是无效的。人力资源方面的新闻、人力资源政策和措施等都可以在内部网上找到。但是，由于其他信息较多，人力资源方面的信息并不容易找到。此外，这些信息以一种正式的书面格式写成，大多数文档包含 5 页以上的内容。公司业务部门和总部之间有很大的距离，沟通一般需要通过内部网、微信或电子邮件来完成。然而，大多数员工由于缺乏专业知识，很难准确理解人力部门所提供的信息。同时，员工被提供了大量的信息，但这些信息并不全是他们所需要的，这就导致了信息过载的问题。为员工提供符合他们需要的实用信息更加有用。因此，公司应该开发一份人力资源手册，提供相关人力资源主题的最重要的非常实用的信息，比如旷工、培训和休假。注意该手册要以一种便于员工理解的方式来写作。

此外，针对信息过多过杂的问题，公司可以在内部网站中创建一个人力资源专题版面。政策、程序和工作要求应围绕人力资源主题进行组织，如绩效考评和培训。公司应以一种非正式的方式提供人力资源某一方面信息，简要介绍该主题，并链接到基本的政策和实践，而不是只将文档放在网上。

4. 使用人力资源效益分析来展示人力资源部门的绩效

YL 公司人力资源部门虽然已经在为组织绩效做贡献，但是这个贡献还没有真正显现出来。人力资源部门应该为管理人员提供良好的信息，以帮助他们更好地管理员工。此外，公司应该构建指标体系对人力资源部门的绩效进行评估，包括服务质量、解决方案的质量、响应性和可靠性等指标。人力资源部门还可以向他们的客户提供能够量化的绩效指标，如解决问题的数量和完成这些任务所需的时间。这些会使人力资源部门的绩效更加可视化。

5. 构建全面明晰的人力资源愿景

YL 公司现有人力资源政策及程序的目标并不很明确，人力资源专业人员和直线经理并不清楚这些目标。关于人力资源的政策、措施和程序等缺乏明确的人力资源战略作为基础，不够系统。因此，公司应该组织人力资源专家、人力资源部门及直线管理者一起开发人力资源愿景，建立人力资源战略，为组织内的所有人力资源政策、程序和工具提供一个框架。在此基础上，结合本公司组织战略及员工特点明确有关人力资源政策和措施的目标，促进人力资源战略与组织战略相一致，实现人力资源管理系统的内部一致。

6. 培训直线管理者，使其更有效地承担人力资源职责

预期的人力资源政策和执行之间的差异可以归结为 YL 公司在实施人力资源政策时并不能够做到一致地、无差别实施。更重要的是，直线管理者并不总是认为他们能够执行相应的人力资源任务，这可能是由于他们缺乏执行人力资源任务的能力，缺乏相应支持以及明确的政策、程序。因此，公司应该为直线管理者提供相应培训。这个培训应该解决以下问题：属于直线管理者的人力资源任务，如何执行人力资源政策，人力资源部门可以提供哪些支持和帮助。

7. 让直线管理者参与人力资源政策措施的制定和实施

人力资源专业人员和直线管理者因为部门不同、立场不同，看问题的角度也不尽相同，导致双方对人力资源管理系统的理解和期望产生很大的差异。具体而言，直线经理和人力资源经理对于如何解决人力资源问题有着不同的看法。为了在 YL 公司内部就制定和实施人力资源战略达成共识，上述两类人对新的人力资源管理政策或措施必须要有同样的认识，同样的理解。因此，对于新的人力资源实践和流程，公司应该在有直线管理者、人力资源专业人员参与的联席会议上进行充分讨论。对人力资源政策进行的讨论和清晰的表达会在管理者之间形成共识，并将促进人力资源政策一致执行。

8. 通过现代通信技术促进知识共享

YL 公司是一个分散的组织，分支机构遍布国内多个城市。由于时间和成

本的限制，常规的非正式会议通常是不可行的，因此需要寻找其他的知识共享方式。公司可以在特定的组织成员之间开发在线社区，以实现知识共享，例如，直线管理者可以与他们的同事交换关于如何实施人力资源政策的知识，并分享成功做法。他们可以分享一些经验，例如如何处理旷工问题，如何解雇员工等。人力资源专业人员可以加入到其中，与直线管理者进行交流，回答他们的问题，并向他们提供如何处理人力资源问题的建议。这样，直线管理者与人力资源专业人员可以互相学习，知识得以共享。组织成员之间的知识共享增强了共识，并促进了公司人力资源管理的有效实施。国外公司的实践表明，这是一种成本低廉且行之有效的方法。

附　录

正式调查问卷

亲爱的员工朋友：

为了了解企业的人力资源管理情况，我们设计了此项调查。本调查不涉及商业机密或个人隐私，无须署名，答案无对错之分；所有数据仅仅用于科学研究，不会对您自己和贵单位造成任何不良影响，请放心填写。您填写内容的真实性对研究结论的科学性具有重大影响。

谢谢您的热情参与和支持！！

联系方式：××××××@qq.com

一、基本信息（请根据实际情况打"√"）

1. 性别：①男　②女

2. 年龄：①18～30岁　②31～40岁　③41岁及以上

3. 文化程度：①大专以下　②大专　③本科　④研究生

4. 在本单位的工作年限：

①3年（不含）以下　②3～5年　③6～10年　④11年及以上

5. 本单位性质：①国有企业　②民营企业　③外资、合资企业　④其他

6. 本单位所属行业：①电子信息高科技企业　②钢铁和机械制造行业③金融业　④建筑和房地产行业　⑤医药化工行业　⑥商业服务业　⑦农林牧渔业　⑧其他_____

7. 岗位或职位：①科研技术人员　②生产人员　③营销人员　④一般行政人员　⑤各级主管

二、下面是一些有关您工作单位的一些陈述，请按照每项陈述与自己实际情况的吻合程度在相应数字上打"√"。如果有的问题让您感到比较模糊，请不必反复推敲，只要按照自己的第一感觉填写就行。

从"完全不符合"到"完全符合"不同程度的吻合程度可以分别用分数1~5来表示。不同分数的含义如下：1——完全不符合；2——比较不符合；3——说不清；4——比较符合；5——完全符合。

题目	完全不符合——→完全符合				
1. 单位的人力资源管理是建立在人力资源管理和直线管理相互协商的基础上	1	2	3	4	5
2. 单位所实施的人力资源实践措施是相互配套的	1	2	3	4	5
3. 高层管理人员和人力资源管理部门共享相同的愿景	1	2	3	4	5
4. 在本单位中，管理层一致支持人力资源政策	1	2	3	4	5
5. 就同一管理目的而言，各种人力资源措施发送的信号不一致	1	2	3	4	5
6. 单位的人力资源部门能够为组织带来较高的附加价值	1	2	3	4	5
7. 单位人力资源部门的言行所传递的人力资源管理信息之间有明确的一致性	1	2	3	4	5
8. 人力资源管理措施的预期效果与实际结果之间有很大的差距	1	2	3	4	5
9. 本单位中，哪些任务属于人力资源部门、哪些不属于，这很清楚	1	2	3	4	5
10. 人力资源部门提出的许多实践措施是无用的	1	2	3	4	5
11. 员工被定期告知人力资源部门所采取的措施	1	2	3	4	5
12. 人力资源工作人员在管理员工方面意见是一致的	1	2	3	4	5
13. 人力资源部门采取的连续性举措经常发生严重冲突	1	2	3	4	5
14. 人力资源部门开发的评估过程，在实践中并没有产生预期的效果	1	2	3	4	5
15. 单位会尽力为我提供良好的工作环境和条件设施	1	2	3	4	5
16. 单位关心我的个人感受	1	2	3	4	5
17. 单位关心我的福利	1	2	3	4	5
18. 单位会尽力为我提供工作所需的培训或相关支持	1	2	3	4	5
19. 单位关心我的健康	1	2	3	4	5
20. 单位会尽力为我解决生活和家庭的后顾之忧	1	2	3	4	5
21. 单位尊重我的意见	1	2	3	4	5
22. 单位会尽力为我提供工作所需的人员和资讯支持	1	2	3	4	5

三、以下陈述从积极的方面描述了您的工作状态，如果您从未有过这样的感受，请在数字"0"上打"√"；如果您曾有过这样的感受，请您选择最能够描述您的感受的频繁程度的数字（从1~6），并在相应的数字上打"√"。

0＝从来没有；1＝几乎没有过（一年几次或更少）；2＝很少（一个月一次或更少）；3＝有时（一个月几次）；4＝经常（一周一次）；5＝十分频繁（一周几次）；6＝总是（每天）。

题目	从来没有——→总是						
23. 我对工作富有热情	0	1	2	3	4	5	6
24. 我为自己所从事的工作感到自豪	0	1	2	3	4	5	6
25. 工作时我感到自己强大并且充满精力	0	1	2	3	4	5	6
26. 工作激发了我的灵感	0	1	2	3	4	5	6
27. 早上一起床，我就想要去工作	0	1	2	3	4	5	6
28. 我可以一次连续工作很长时间	0	1	2	3	4	5	6
29. 对我来说，我的工作是具有挑战性的	0	1	2	3	4	5	6
30. 工作时，即使感到精神疲劳，我也能够很快地恢复	0	1	2	3	4	5	6
31. 在工作中，即使事情进展不顺利，我也总能锲而不舍	0	1	2	3	4	5	6

参考文献

［1］Agarwal U, Datta S, Blake – Beard S, Bhargava S. Linking LMX, innovative work behaviour and turnover intentions：The mediating role of work engagement ［J］. Career Development International, 2012, 17 （3）：208 – 230

［2］Agarwal U. Linking justice, trust and innovative work behaviour to work engagement ［J］. Personnel Review, 2014, 43 （1）：41 – 73

［3］Ahmed I, Nawaz M M. Antecedents and outcomes of perceived organizational support：a literature survey approach ［J］. Journal of Management Development, 2015, 34 （7）：867 – 880

［4］Alagaraja M, Shuck B. Exploring Organizational Alignment – Employee Engagement Linkages and Impact on Individual Performance：A Conceptual Model ［J］. Human Resource Development Review, 2015, 14 （1）：17 – 37

［5］Albrecht S L. Challenge Demands, Hindrance Demands, and Psychological Need Satisfaction ［J］. Journal of Personnel Psychology, 2015, 14 （2）：70 – 79

［6］Alfes K, Truss C, Soane E C, et al. The Relationship Between Line Manager Behavior, Perceived HRM Practices, and Individual Performance：Examining the Mediating Role of Engagement ［J］. Human Resource Management, 2013, 52 （6）：839 – 859

［7］Allen D, Shanock L. Perceived organizational support and embeddedness as key mechanisms connecting socialization tactics to commitment and turnover among new employees ［J］. Journal of Organizational Behavior, 2013, 34 （3）：

350 - 369

[8] Allen M W. Factors impacting the perceived organizational support of IT employees [J]. Information & Management, 2008, 45 (8): 556 - 563

[9] Allen D G, Shore L M, Griffeth R W. The role of perceived organizational support and supportive human resource practices in the turnover process [J]. Journal of Management, 2003, 29 (1): 99 - 118

[10] Ambrose M, Schminke M. Organization structure as a moderator of the relationship between procedural justice, interactional justice, perceived organizational support, and supervisory trust [J]. Journal of Applied Psychology, 2003, 88 (2): 295 - 305

[11] Bagozzi R P, Baumgartner H, Bagozzi R P, et al. The Evaluation of Structural Equation Models and Hypothesis Testing [J]. Principles in Marketing Research, 1994

[12] Bailey C, Madden A, Alfes K, et al. The Meaning, Antecedents and Outcomes of Employee Engagement: A Narrative Synthesis [J]. International Journal of Management Reviews, 2015 (7): 1 - 23

[13] Bakker A, Hakanen J, Demerouti E, et al. Job resources boost work engagement, particularly when job demands are high [J]. Journal of Educational Psychology, 2007, 99 (2): 274 - 284

[14] Bakker A, Schaufeli W, Leiter M, Taris T. Work engagement: An emerging concept in occupational health psychology [J]. Work & Stress, 2008, 22 (3): 187 - 200

[15] Bakker A, van Emmerik H, Euwema M. Crossover of Burnout and Engagement in Work Teams [J]. Work and Occupations, 2006, 33 (4): 464 - 489

[16] Bakker A. An Evidence - Based Model of Work Engagement [J]. Current Directions In Psychological Science, 2011, 20 (4): 265 - 269

[17] Bal P, Kooij D, De Jong S. How Do Developmental and Accommodative HRM Enhance Employee Engagement and Commitment? The Role of Psychological Contract and SOC Strategies [J]. Journal of Management Studies, 2013, 50 (4): 545 - 572

［18］ Bal P, Lange A H D. From flexibility human resource management to employee engagement and perceived job performance across the lifespan: A multi-sample study ［J］. Journal of Occupational & Organizational Psychology, 2015, 88 (1): 126 – 154

［19］ Balducci C, Fraccaroli F, Schaufeli W. Psychometric properties of the Italian version of the Utrecht Work Engagement Scale (UWES – 9): A cross-cultural analysis ［J］. European Journal of Psychological Assessment, 2010, 26 (2): 143 – 149

［20］ Barbier M, Hansez I, Chmiel N, Demerouti E. Performance expectations, personal resources, and job resources: How do they predict work engagement? ［J］. European Journal of Work And Organizational Psychology, 2013, 22 (6): 750 – 762

［21］ Baron J N, Kreps D M. Consistent Human Resource Practices ［J］. California Management Review, 1999, 41 (3): 29 – 53

［22］ Bednall T C, Sanders K, Runhaar P. Stimulating informal learning activities through perceptions of performance appraisal quality and human resource management system strength: A two-wave study ［J］. Academy of Management Learning & Education, 2014, 13 (1): 45 – 61

［23］ Bhanthumnavin D. Perceived social support from supervisor and group members' psychological and situational characteristics as predictors of subordinate performance in Thai work units ［J］. Human Resource Development Quarterly, 2003, 14 (1): 79 – 97

［24］ Biggs A, Brough P, Barbour J. Strategic alignment with organizational priorities and work engagement: A multi-wave analysis ［J］. Journal of Organizational Behavior, 2014, 35 (3): 301 – 317

［25］ Blau B P M. Exchange and power in social life. NY: Wiley ［C］ // Journal of the Market Research Society, 1964

［26］ Bos – Nehles A C, Bondarouk T V. Line Management Intentions Become Employee Perceptions: Conceptualization of the Role of Frames in HRM System Strength. The XIII Italian Workshop on Organizzazione Aziendale/Organization

Studies "Desperately Seeking performance in organization.: Verone, Italy, 2012

［27］ Bouwhuis D. From Kelley's attribution theory to Bowen and Ostroff's HRM system: The moderating effects of consensus ［D］. 2011

［28］ Bowen D E, Ostroff C. Understanding HRM – Firm performance linkages: The role of the "strength" of the HRM system ［J］. Academy of Management Review, 2004, 29 (2): 203 – 221

［29］ Bowen D E, Gilliland S W, Robert F. HRM and Service Fairness: How Being Fair with Employees Spills Over to Customers ［J］. Organizational Dynamics, 1999, 27 (3): 7 – 24

［30］ Boxall P, Macky K. High-performance work systems and organisational performance: Bridging theory and practice ［J］. Asia Pacific Journal of Human Resources, 2007, 45 (3): 261 – 270

［31］ Breevaart K, Bakker A, Hetland J, Demerouti E, Olsen O, Espevik R. Daily transactional and transformational leadership and daily employee engagement ［J］. Journal of Occupational & Organizational Psychology, 2014, 87 (1): 138 – 157

［32］ Brough P, Timms C, Lu C, et al. Validation of the Job Demands – Resources model in cross-national samples: Cross-sectional and longitudinal predictions of psychological strain and work engagement ［J］. Human Relations, 2013, 66 (10): 1311 – 1335

［33］ Burnett M F, Chiaburu D S, Shapiro D L, et al. Revisiting how and when perceived organizational support enhances taking charge an inverted U – shaped perspective ［J］. Journal of Management, 2015, 41 (7): 1805 – 1826

［34］ Chacko S, Conway N. Developing scale to measure HRM system strength-challenges and initial findings ［EB/OL］. http://www. dauphine. fr/fileadmin/ mediatheque/masters/crepa/pdf/Conference% 20Proceedings% 20Workshop% 20OB% 20Paris% 20Dauphine% 202011. pdf

［35］ Chaiken S, Wood W, Eagly A H. Principles of persuasion ［J］. Social Psychology Handbook of Basic Mechanisms & Processes, 1996, 17 (5): 115 – 137

［36］ Chen S, Lin P, Lu C, et al. The moderation effect of HR strength on the relationship between employee commitment and job performance [J]. Social Behavior and Personality, 2007, 35 (8): 1121 – 1138

[37] Chen Z X, Aryee S, Lee C. Test of a mediation model of perceived organizational support [J]. Journal of vocational behavior, 2005, 66 (3): 457 – 470

[38] Chen Z, Eisenberger R, Johnson K, Sucharski I, Aselage J. Perceived Organizational Support and Extra – Role Performance: Which Leads to Which? [J]. Journal of Social Psychology, 2009, 149 (1): 119 – 124

[39] Cheung F, Wu A. Older workers' successful aging and intention to stay [J]. Journal of Managerial Psychology, 2013, 28 (6): 645 – 660

[40] Christian M, Garza A, Slaughter J. Work Engagement: a Quantitative Review and Test of its Relations with Task and Contextual Performance [J]. Personnel Psychology, 2011, 64 (1): 89 – 136

[41] Cole M, Walter F, Bedeian A, O'Boyle E. Job Burnout and Employee Engagement: A Meta – Analytic Examination of Construct Proliferation [J]. Journal of Management, 2012, 38 (5): 1550 – 1581

[42] Conway E, Fu N, Monks K, et al. Demands or Resources? The Relationship Between HR Practices, Employee Engagement, and Emotional Exhaustion Within a Hybrid Model of Employment Relations [J]. Human Resource Management, 2015, (3): 1 – 17

[43] Cook K S, Cheshire C, Rice E, et al. Social exchange theory [M]. Springer Netherlands, 2013

[44] Coumans V, Gérard J C, Hubert B, et al. HRM system strength – HRM harnessed for innovation, appropriability and firm performance [J]. Economics & Business Letters, 2012, 1 (1): 43 – 53

[45] Coyle – Shapiro J, Conway N. Exchange Relationships: Examining Psychological Contracts and Perceived Organizational Support [J]. Journal of Applied Psychology, 2005, 90 (4): 774 – 781

[46] Cullen K, Edwards B, Casper W, Gue K. Employees' Adaptability and Perceptions of Change – Related Uncertainty: Implications for Perceived Organ-

izational Support, Job Satisfaction, and Performance [J]. Journal of Business & Psychology, 2014, 29 (2): 269 – 280

[47] Dalal R, Brummel B, Wee S, Thomas L. Defining Employee Engagement for Productive Research and Practice [J]. Industrial & Organizational Psychology, 2008, 1 (1): 52 – 55

[48] Dawley D, Houghton J, Bucklew N. Perceived organizational support and turnover intention: The mediating effects of personal sacrifice and job fit [J]. Journal of Social Psychology, 2010, 150 (3): 238 – 257

[49] De Clercq D, Bouckenooghe D, Raja U, et al. Unpacking the Goal Congruence – Organizational Deviance Relationship: The Roles of Work Engagement and Emotional Intelligence [J]. Journal of Business Ethics, 2014, 124 (4): 695 – 711

[50] De Feyter T, Vigna C, Caers R. Job satisfaction and turnover intentions after organizational change: the moderating effect of employees' perceptions of HRM system strength [C] //Proceedings of VIII International Workshop on Human Resource Management. 2011

[51] DeConinck J. The effect of organizational justice, perceived organizational support, and perceived supervisor support on marketing employees' level of trust [J]. Journal of Business Research, 2010, 63 (12): 1349 – 1355

[52] Delmotte J, De Winne S, Sels L. Toward an assessment of perceived HRM system strength: scale development and validation [J]. The International Journal of Human Resource Management, 2012, 23 (7): 1481 – 1506

[53] Demerouti E, Bakker A, Nachreiner F, Ebbinghaus M. From mental strain to burnout [J]. European Journal of Work and Organizational Psychology, 2002, 11 (4): 423 – 441

[54] Demerouti E, Mostert K, Bakker A. Burnout and work engagement: a thorough investigation of the independency of both constructs [J]. Journal of Occupational Health Psychology, 2010, 15 (3): 209 – 222

[55] Dirks K T, Ferrin D L. The Role of Trust in Organizational Settings [J]. Organization Science, 2001, 12 (4): 450 – 467

[56] Dorenbosch L, De Reuer R, Sanders K. Getting the HR message across: The linkage between line – HR consensus and "commitment strength" among hospital employees [J]. Management Review, 2006, 17 (3): 274 – 291

[57] Downey S N, Werff L V D, Thomas K M, et al. The role of diversity practices and inclusion in promoting trust and employee engagement [J]. Journal of Applied Social Psychology, 2015, 45 (1): 35 – 44

[58] Dylag A, Jaworek M, Karwowski W, Kożusznik M, Marek T. Discrepancy between individual and organizational values: Occupational burnout and work engagement among white-collar workers [J]. International Journal of Industrial Ergonomics, 2013, 43 (3): 225 – 231

[59] Eder P, Eisenberger R. Perceived Organizational Support: Reducing the Negative Influence of Coworker Withdrawal Behavior [J]. Journal of Management, 2008, 34 (1): 55 – 68

[60] Edwards M. HR, perceived organisational support and organisational identification: An analysis after organisational formation [J]. Human Resource Management Journal, 2009, 19 (1): 91 – 115

[61] Eisenberger R, Huntington R, Hutchison S, et al. Perceived organizational support. Journal of Applied Psychology, 1986, 71: 500 – 507

[62] Eisenberger R, Stinglhamber F. Perceived Organizational Support: Fostering Enthusiastic and Productive Employees [e-book]. Washington, DC, US: American Psychological Association; 2011. viii, 61 – 140

[63] Emerson R M. Social exchange theory [J]. Annual review of sociology, 1976: 335 – 362

[64] Extremera N, Sánchez – García M, Durán M, Rey L. Examining the psychometric properties of the utrecht work engagement scale in two Spanish multi-occupational samples [J]. International Journal of Selection and Assessment, 2012, 20 (1): 105 – 110

[65] Farndale E. Job resources and employee engagement: A cross-national study [J]. Journal of Managerial Psychology, 2015, 30 (5): 610 – 626

[66] Fiske S T, Taylor S E. Social Cognition [M]. New York: McGraw –

Hill, 1991

[67] Frenkel S J, Li M, Restubog S L D. Management, Organizational Justice and Emotional Exhaustion among Chinese Migrant Workers: Evidence from two Manufacturing Firms [J]. British Journal of Industrial Relations, 2012, 50 (1): 121 – 147

[68] Gan T, Gan Y. Sequential development among dimensions of job burnout and engagement among IT employees [J]. Stress And Health: Journal of The International Society for the Investigation of Stress, 2014, 30 (2): 122 – 133

[69] Gavino M, Wayne S, Erdogan B. Discretionary and transactional human resource practices and employee outcomes: The role of perceived organizational support [J]. Human Resource Management, 2012, 51 (5): 665 – 686

[70] Ghani N A A. Antecedents of Perceived Organizational Support [J]. Canadian Social Science, 2009, 5 (6): 33 – 42

[71] Goeddeke F, Kammeyer – Mueller J. Perceived support in a dual organizational environment: Union participation in a university setting [J]. Journal of Organizational Behavior, 2010, 31 (1): 65 – 83

[72] Gomes J, Coelho J, Correia A, Cunha R. Development and validation of an instrument measuring the strength of the human resource management system [J]. Spatial and Organizational Dynamics Discussion Papers, 2010

[73] González – Romá V, Schaufeli W, Bakker A, Lloret S. Burnout and work engagement: Independent factors or opposite poles? [J]. Journal of Vocational Behavior, 2006, 68 (1): 165 – 174

[74] Gouldner A W. The Norm of Reciprocity: A Preliminary [J]. American Sociological Review, 1960, 25 (2): 161 – 178

[75] Guest D, Conway N. The impact of HR practices, HR effectiveness and a 'strong HR system' on organisational outcomes: a stakeholder perspective [J]. International Journal of Human Resource Management, 2011, 22 (8): 1686 – 1702

[76] Guzzo R A, Noonan K A. Human resource practices as communications and the psychological contract [J]. Human Resource Management, 1994 (33): 447 – 462

[77] Guzzo R A, Noonan K A, Elron E. Expatriate managers and the psychological contract [J]. Journal of Applied Psychology, 1994, 79 (4): 617 – 626

[78] Harold H. kelley, John L. Niehela. Attribution Theory and Researeh [M]. Annual Review Psychology. 1980, 31: 457 – 501

[79] Harris R, Harris K, Harvey P. A Test of Competing Models of the Relationships Among Perceptions of Organizational Politics, Perceived Organizational Support, and Individual Outcomes [J]. Journal of Social Psychology, 2007, 147 (6): 631 – 656

[80] He H, Pham H Q. Perceived organizational support and organizational identification: joint moderating effects of employee exchange ideology and employee investment [J]. International Journal of Human Resource Management, 2014, 25 (20): 2772 – 2795

[81] Heider F. The Psychology of Interpersonal Relations [M]. New York: Wiley, 1958

[82] Hewstone M, Jaspar J. Implicit and explicit consensus as determinants of causal attribution-two experimental investigations [J]. European Journal of Psychology, 1988, 18 (1): 93 – 98

[83] Hinkle D E, Oliver J D. How Large Should the Sample be? A Question with no Simple Answer? or [J]. Educational & Psychological Measurement, 1983, 43 (4): 1051 – 1060

[84] Hochwarter W A. Perceived organizational support as a mediator of the relationship between politics perceptions and work outcomes [J]. Journal of vocational behavior, 2003, 63 (3): 438 – 456

[85] Hsieh C C, Wang D S. Does supervisor-perceived authentic leadership influence employee work engagement through employee-perceived authentic leadership and employee trust? [J]. The International Journal of Human Resource Management, 2015, 26 (18): 2329 – 2348

[86] Hui C, Wong A, Tjosvold D. Turnover intention and performance in China: The role of positive affectivity, Chinese values, perceived organizational

support and constructive controversy [J]. Journal of Occupational and Organizational Psychology, 2007, 80 (4): 735 – 751

[87] Hurmelinna – Laukkanen Pia, Gomes Jorge. HRM system strength – HRM harnessed for innovation, appropriability and firm performance [J]. Economics and Business Letters, 2012, 1 (4): 43 – 53

[88] Iacobucci D. Mediation analysis [M]. Sage, 2008

[89] Idris M A, Dollard M F, Tuckey M R. Psychosocial Safety Climate as a Management Tool for Employee Engagement and Performance: A Multilevel Analysis. [J]. International Journal of Stress Management, 2015, 22 (2): 183 – 206

[90] Joo B K, Hahn H J, Peterson S L. Turnover intention: The effects of core self-evaluations, proactive personality, perceived organizational support, developmental feedback, and job complexity [J]. Human Resource Development International, 2015, 18 (2): 116 – 130

[91] Kahn W A. Psychological conditions of personal engagement and disengagement at work [J]. Academy of Management Journal, 1990, 33 (4): 692 – 724

[92] Karatepe O M. Do personal resources mediate the effect of perceived organizational support on emotional exhaustion and job outcomes? [J]. International Journal of Contemporary Hospitality Management, 2015, 27 (1): 4 – 26

[93] Karatepe O M. High – Performance Work Practices, Perceived Organizational Support, and Their Effects on Job Outcomes: Test of a Mediational Model [J]. International Journal of Hospitality & Tourism Administration, 2015, 16 (3): 203 – 223

[94] Katharina Fahrenholz. "Perception is reality" – What influences employee perception and how can it foster a strong HR system [D]. University of Twente Academic dissertations, 2011

[95] Katou A A. Justice, trust and employee reactions: an empirical examination of the HRM system [J]. Management Research Review, 2013, 36 (7): 674 – 699

[96] Kelley H H. The Process of Causal Attribution [J]. American Psycholo-

gist, 1973, 28: 97 – 194

[97] Kelman H C, Hamilton V L. Crimes of obedience: Toward a social psychology of authority and responsibility [M]. Yale University Press, 1989

[98] Khilji S E, Wang X. "Intended" and "implemented" HRM: the missing linchpin in strategic human resource management research [J]. The International Journal of Human Resource Management, 2006, 17 (7): 1171 – 1189

[99] Kiewitz C, Restubog S, Zagenczyk T, Hochwarter W. The Interactive Effects of Psychological Contract Breach and Organizational Politics on Perceived Organizational Support: Evidence from Two Longitudinal Studies [J]. Journal Of Management Studies, 2009, 46 (5): 806 – 834

[100] Korzynski P. Online networking and employee engagement: what current leaders do? [J]. Journal of Managerial Psychology, 2015, 30 (5): 582 – 596

[101] Kraimer M L, Wayne S J. An Examination of Perceived Organizational Support as a Multidimensional Construct in the Context of an Expatriate Assignment [J]. Journal of Management, 2004, 30 (2): 209 – 237

[102] Kühnel J, Sonnentag S, Bledow R. Resources and time pressure as day-level antecedents of work engagement [J]. Journal of Occupational & Organizational Psychology, 2012, 85 (1): 181 – 198

[103] Kurtessis J N, Eisenberger R, Ford M T, et al. Perceived Organizational Support A Meta – Analytic Evaluation of Organizational Support Theory [J]. Journal of Management, 2015, (3): 1 – 31

[104] Lado A A, Wilson M C. Human Resource Systems and Sustained Competitive Advantage: A Competency – Based Perspective [J]. Academy of Management Review, 1994, 19 (4): 699 – 727

[105] Langelaan S, Bakker A, van Doornen L, et al. Burnout and work engagement: Do individual differences make a difference? [J]. Personality and Individual Differences, 2006, 40 (3): 521 – 532

[106] Lee J, Peccei R. Discriminant validity and interaction between perceived organizational support and perceptions of organizational politics: A temporal

analysis [J]. Journal of Occupational & Organizational Psychology, 2011, 84 (4): 686 – 702

[107] Levinson H. Reciprocation: the relationship between man and organization. Administrative Science Quarterly, 1965, 9 (4): 370 – 390

[108] Li X B, Frenkel S, Sanders K. Strategic HRM as process: how HR system and organizational climate strength influence Chinese employee attitudes [J]. International Journal of Human Resource Management, 2011, 22 (9): 1825 – 1840

[109] Li X, Sanders K, Frenkel S. How leader-member exchange, work engagement and HRM consistency explain Chinese luxury hotel employees' job performance [J]. International Journal of Hospitality Management, 2012, 31 (4): 1059 – 1066

[110] Li X. From a process perspective: How an HRM system influences employee attitudes in Chinese hotels [D]. The University of New South Wales, 2010

[111] Liao F, Yang L, Wang M, Drown D, Shi J. Team – Member Exchange and Work Engagement: Does Personality Make a Difference? [J]. Journal of Business & Psychology, 2013, 28 (1): 63 – 77

[112] Liao H, Joshi A, Chuang A. Sticking out like a Sore Thumb: Employee Dissimilarity and Deviance at Work [J]. Personnel Psychology, 2010, 57 (4): 969 – 1000

[113] Little B, Little P. Employee engagement: Conceptual issues [J]. Journal of Organizational Culture Communication and Conflict, 2006, 10 (1): 111 – 115

[114] Maat A. Effects of a distinctively perceived HRM system: The model of Kelley and Bowen & Ostroff examined [D]. 2011

[115] Macey W, Schneider B. The Meaning of Employee Engagement [J]. Industrial & Organizational Psychology, 2008, 1 (1): 3 – 30

[116] Mallette C. Nurses' work patterns: perceived organizational support and psychological contracts [J]. Journal of Research in Nursing, 2011, 16 (6): 518 – 532

［117］Marjolein Bomans. Unlocking the black box of HRM system strength – Explaining the link between HRM system strength and organizational members' affective commitment within a Dutch home care organization ［D］. University of Twente Academic dissertations, 2013

［118］Maslach C, Leiter M. Early predictors of job burnout and engagement ［J］. Journal of Applied Psychology, 2008, 93（3）: 498 – 512

［119］Maslach C, Schaufeli Wi B, Leiter M P. Job burnout ［J］. Annual Review of Psychology, 2001, 52（1）: 397 – 422

［120］Masterson S S, Lewis K, Goldman B M, et al. Integrating justice and social exchange: The differing effects of fair procedures and treatment on work relationships ［J］. Academy of Management journal, 2000, 43（4）: 738 – 748

［121］Mauno S, Kinnunen U, M? kikangas A, Nätti J. Psychological consequences of fixed-term employment and perceived job insecurity among health care staff ［J］. European Journal of Work and Organizational Psychology, 2005, 14（3）: 209 – 237

［122］Mauno S, Kinnunen U, Ruokolainen M. Job Demands and Resources as Antecedents of Work Engagement: A Longitudinal Study ［J］. Journal of Vocational Behavior, 2007, 70（1）: 149 – 171

［123］Mcarthur L A. The how and what of why: Some determinant and consequences of causal attribution ［J］. Journal of Personality & Social Psychology, 1972, 22（2）: 171 – 193

［124］McCarthy A, Cleveland J, Hunter S, Darcy C. Employee work-life balance outcomes in Ireland: A multilevel investigation of supervisory support and perceived organizational support ［J］. International Journal of Human Resource Management, 2013, 24（6）: 1257 – 1276

［125］McMillin R. Customer Satisfaction and Organizational Support for Service Providers ［D］. USA: University of Florida, 1997

［126］Mills M, Culbertson S, Fullagar C. Conceptualizing and Measuring Engagement: An Analysis of the Utrecht Work Engagement Scale ［J］. Journal of Happiness Studies, 2012, 13（3）: 519 – 545

［127］ Mueller R. O. Structural equation modeling: Back to basics ［J］. Structural Equation Modeling, 1997, 4 (4): 353 – 369

［128］ Neves P, Eisenberger R. Management Communication and Employee Performance: The Contribution of Perceived Organizational Support ［J］. Human Performance, 2012, 25 (5): 452 – 464

［129］ Neves P, Eisenberger R. Perceived organizational support and risk taking ［J］. Journal of Managerial Psychology, 2014, 29 (2): 187 – 205

［130］ Newman A, Thanacoody R, Hui W. The effects of perceived organizational support, perceived supervisor support and intra-organizational network resources on turnover intentions A study of Chinese employees in multinational enterprises ［J］. Personnel Review, 2012, 41 (1): 56 – 72

［131］ Newman D, Harrison D. Been There, Bottled That: Are State and Behavioral Work Engagement New and Useful Construct "Wines"? ［J］. Industrial & Organizational Psychology, 2008, 1 (1): 31 – 35

［132］ Nishii L H, Lepak D P, Schneider B. Employee attributions of the why of HR practices: Their effects on employee attitudes and behaviors, and customer satisfaction ［J］. Personnel Psychology, 2008, (61): 503 – 544

［133］ Nishii L H, Wright P M. Variability within organizations: Implications for strategic human management (CAHRS Working Paper #07 – 02). NY: Cornell University, 2007

［134］ O'Driscoll M P, Randall D M. Perceived Organisational Support, Satisfaction with Rewards, and Employee Job Involvement and Organisational Commitment ［J］. Applied Psychology, 2007, 48 (2): 197 – 209

［135］ Paek S, Schuckert M, Kim T T, et al. Why is hospitality employees' psychological capital important? The effects of psychological capital on work engagement and employee morale ［J］. International Journal of Hospitality Management, 2015, 50: 9 – 26

［136］ Patterson M G, West M A, Shackleton V J, et al. Validating the Organizational Climate Measure: Links to Managerial Practices, Productivity and Innovation ［J］. Journal of Organizational Behavior, 2005, 26 (4): 379 – 408

[137] Pereira M M, Gomes F S. The strength of human resource practices and transformational leadership: impact on organizational performance [J]. International Journal of Human Resource Management, 2012, 23 (20): 4301 – 4318

[138] Piercy N, Cravens D, Lane N, Vorhies D. Driving Organizational Citizenship Behaviors and Salesperson In – Role Behavior Performance: The Role of Management Control and Perceived Organizational Support [J]. Journal of The Academy of Marketing Science, 2006, 34 (2): 244 – 262

[139] Purcell J, Hutchinson S. Front-line managers as agents in the HRM – performance causal chain: theory, analysis and evidence [J]. Human Resource Management Journal, 2007, 17: 3 – 20

[140] Qadeer F, Butt A Z. A Questionnaire for Measuring Strength of HR System (SHRS) (March 7, 2013). Available at SSRN: http: //ssrn. com/abstract = 2351164

[141] Reissner S, Pagan V. Generating employee engagement in a public-private partnership: management communication activities and employee experiences [J]. International Journal of Human Resource Management, 2013, 24 (14): 2741 – 2759

[142] Rhoades L, Eisenberger R. Perceived organizational support: a review of the literature [J]. Journal of Applied Psychology, 2002, 87 (4): 698 – 714

[143] Ribeiro T R, Coelho J P, Gomes J F S. HRM strength, situation strength and improvisation behavior [J]. Management Research Journal of the Iberoamerican Academy of Management, 2003, 9 (2): 118 – 136

[144] Rich B, Lepine J, Crawford E. Job Engagement: Antecedents and Effects on Job Performance [J]. Academy Of Management Journal, 2010, 53 (3): 617 – 635

[145] Riggle R, Edmondson D, Hansen J. A meta-analysis of the relationship between perceived organizational support and job outcomes: 20 years of research [J]. Journal of Business Research, 2009, 62 (10): 1027 – 1030

[146] Rita Campos e Cunha, Miguel Pina e Cunha. Impact of Strategy, HRM Strength and HRM Bundles on Innovation Performance and Organizational Per-

formance［A］. Working papers［Z/OL］. 2004, wp464, www. ideas. repec. Org/ s/unl/unlfep. html

［147］Roof R A. The Association of Individual Spirituality on Employee Engagement: The Spirit at Work［J］. Journal of Business Ethics, 2015, （130）: 585 - 599

［148］Ross L, Nisbett R E. The person and the situation: perspectives of social psychology［M］. McGraw - Hill, 1991

［149］Rothmann S, Joubert J H M. Job demands, job resources, burnout and work engagement of managers at a platinum mine in the North West Province ［J］. S. Afr. J. Bus. Manage, 2007, 38（3）: 49 - 61

［150］Runhaar P, Sanders K, Konermann J. Teachers' work engagement: Considering interaction with pupils and human resources practices as job resources ［J］. Journal of Applied Social Psychology, 2013, 43（10）: 2017 - 2030

［151］Saks A. Antecedents and consequences of employee engagement［J］. Journal of Managerial Psychology, 2006, 21（7）: 600 - 619

［152］Saks A. The Meaning and Bleeding of Employee Engagement: How Muddy Is the Water?［J］. Industrial & Organizational Psychology, 2008, 1（1）: 40 - 43

［153］Sanders K, Yang H, Kim S. The moderating effect of employees' HR attribution on HRM - employee outcomes linkages［Z］. Academy of Management Annual Meeting, 2012: 1 - 38

［154］Sanders K, Dorenbosch L, De Reuver R. The impact of individual and shared employee perceptions of hrm on affective commitment: considering climate strength［J］. Personnel Review. 2008, 37: 412 - 415

［155］Schaufeli W, Bakker A, Salanova M. The Measurement of Work Engagement With a Short Questionnaire: A Cross - National Study［J］. Educational & Psychological Measurement, 2006, 66（4）: 701 - 716

［156］Schaufeli W, Bakker A, Van Rhenen W. How changes in job demands and resources predict burnout, work engagement, and sickness absenteeism ［J］. Journal of Organizational Behavior, 2009, 30（7）: 893 - 917

[157] Schaufeli W, Bakker A. Job demands, job resources, and their relationship with burnout and engagement: a multi-sample study [J]. Journal of Organizational Behavior, 2004, 25 (3): 293 - 315

[158] Schaufeli W, Salanova M, González-romá V, Bakker A. The Measurement of Engagement and Burnout: A Two Sample Confirmatory Factor Analytic Approach [J]. Journal of Happiness Studies, 2002, 3 (1): 71 - 92

[159] Schaufeli W, Taris T, van Rhenen W. Workaholism, Burnout, and Work Engagement: Three of a Kind or Three Different Kinds of Employee Well-being? [J]. Applied Psychology: An International Review, 2008, 57 (2): 173 - 203

[160] Shen Y, Jackson T, Zhang Q, et al. Linking perceived organizational support with employee work outcomes in a Chinese context: Organizational identification as a mediator [J]. European Management Journal, 2014, 32 (3): 406 - 412

[161] Shimazu A, Schaufeli W, Kitaoka - Higashiguchi K, et al. Work Engagement in Japan: Validation of the Japanese Version of the Utrecht Work Engagement Scale [J]. Applied Psychology: An International Review, 2008, 57 (3): 510 - 523

[162] Shore L M, Coyle - Shapiro A M. New developments in the employee-organization relationship [J]. Journal of Organizational Behavior, 2003, 24 (5): 443 - 450

[163] Shore L M, Shore T H. Perceived organizational support and organizational justice. In: R. S. Corperate, K. M. Kacmer (Eds.), Organizational Politics, Justice, and Support: Managing the Social Climate of the Workplace, Westport, CT: Quorum. 1995. 149 - 164

[164] Shoss M, Eisenberger R, Restubog S, Zagenczyk T. Blaming the organization for abusive supervision: The roles of perceived organizational support and supervisor's organizational embodiment [J]. Journal of Applied Psychology, 2013, 98 (1): 158 - 168

[165] Shuck B, Wollard K. Employee engagement and HRD: A seminal re-

view of the foundations [J]. Human Resource Development Review, 2010, 9 (1): 89 – 110

[166] Siehl C J. After the founder: An opportunity to manage culture. In P. Frost, L. Moore, M. Louis, et al (Eds.), Organizational culture: 125 – 140, US: Sage Publications, 1985

[167] Simbula S, Guglielmi D, Schaufeli W. A three-wave study of job resources, self-efficacy, and work engagement among Italian schoolteachers [J]. European Journal of Work & Organizational Psychology, 2011, 20 (3): 285 – 304

[168] Simpson M. Engagement at work: A review of the literature [J]. International Journal of Nursing Studies, 2009, 46 (7): 1012 – 1024

[169] Simpson M. Predictors of Work Engagement Among Medical – Surgical Registered Nurses [J]. Western Journal Of Nursing Research, 2009, 31 (1): 44 – 65

[170] Sluss D M, Klimcak M, Holmes J J. Perceived organizational support as a mediator between rational exchange and organizational identification [J]. Journal of Vocational Behavior, 2008, 73 (3): 457 – 464

[171] Sonnentag S, Mojza E, Demerouti E, Bakker A. Reciprocal relations between recovery and work engagement: The moderating role of job stressors [J]. Journal of Applied Psychology, 2012, 97 (4): 842 – 853

[172] Sonnentag S. Recovery, Work Engagement, and Proactive Behavior: A New Look at the Interface Between Nonwork and Work [J]. Journal of Applied Psychology, 2003, 88 (3): 518 – 528

[173] Sortheix F, Dietrich J, Chow A, Salmela – Aro K. The role of career values for work engagement during the transition to working life [J]. Journal of Vocational Behavior, 2013, 83 (3): 466 – 475

[174] Stamper C, Johlke M. The impact of perceived organizational support on the relationship between boundary spanner role stress and work outcomes [J]. Journal of Management, 2003, 29 (4): 569 – 588

[175] Stanton P, Young S, Bartram T, Leggat S. Singing the same song: translating HRM messages across management hierarchies in Australian hospitals

[J]. International Journal of Human Resource Management, 2010, 21 (4): 567 – 581

[176] Steger M, Littman – Ovadia H, Miller M, Menger L, Rothmann S. Engaging in Work Even When It Is Meaningless: Positive Affective Disposition and Meaningful Work Interact in Relation to Work Engagement [J]. Journal of Career Assessment, 2013, 21 (2): 348 – 361

[177] Thompson K R, Lemmon G, Walter T J. Employee Engagement and Positive Psychological Capital [J]. Organizational Dynamics, 2015, 44 (3): 185 – 195

[178] Tims M, Bakker A, Xanthopoulou D. Do transformational leaders enhance their followers' daily work engagement? [J]. The Leadership Quarterly, 2011, 22 (1): 121 – 131

[179] Tsui A S, Tripoli A M. Alternative Approaches to the Employee – Organization Relationship: Does Investment in Employees Pay Off? [J]. Academy of Management Journal, 1997, 40 (5): 1089 – 1121

[180] van Knippenberg D, van Prooijen J W, Sleebos E. Beyond social exchange: Collectivism's moderating role in the relationship between perceived organizational support and organizational citizenship behaviour [J]. European Journal of Work and Organizational Psychology, 2015, 24 (1): 152 – 160

[181] Vigna C, Sanders K, Henderickx E, et al. The impact of HRM process on job satisfaction and turnover intentions: considering the Bowen and Ostroff framework [C] //Proceedings of Ⅷ International Workshop on Human Resource Management, 2011

[182] Waldman D A, Bowen D E. The acceptability of 360 – degree appraisals: A customer-supplier relationship perspective [J]. Human Resource Management, 1998 (37): 117 – 130

[183] Watt J D, Hargis M B. Boredom Proneness: Its Relationship with Subjective Underemployment, Perceived Organizational Support, and Job Performance [J]. Journal of Business & Psychology, 2010, 25 (1): 163 – 174

[184] Wayne S, Shore L, Bommer W, Tetrick L. The Role of Fair Treat-

ment and Rewards in Perceptions of Organizational Support and Leader – Member Exchange ［J］. Journal of Applied Psychology, 2002, 87 (3): 590 – 598

［185］ Weiner B. A theory of motivation for some classroom experiences ［J］. Journal of Education psychology. 1979, 71: 3 – 25

［186］ Wellins R, Concelman J. Creating a culture for engagement ［J］. Workforce performance solutions, 2005, 4: 1 – 4

［187］ Wijhe C, Peeters M, Schaufeli W, Hout M. Understanding workaholism and work engagement: the role of mood and stop rules ［J］. Career Development International, 2011, 16 (3): 254 – 270

［188］ Wollard K, Shuck B. Antecedents to Employee Engagement: A Structured Review of the Literature ［J］. Advances In Developing Human Resources, 2011, 13 (4): 429 – 446

［189］ Wright P M, Haggerty J J. Missing Variables in Theories of Strategic Human Resource Management: Time, Cause, and Individuals ［J］. Management Revue, 2005, 16 (2): 164 – 173

［190］ Xanthopoulou D, Baker A, Heuven E, Demerouti E, Schaufeli W. Working in the sky: A diary study on work engagement among flight attendants ［J］. Journal of Occupational Health Psychology, 2008, 13 (4): 345 – 356

［191］ Xanthopoulou D, Bakker A, Demerouti E, Schaufeli W. Work engagement and financial returns: A diary study on the role of job and personal resources ［J］. Journal of Occupational and Organizational Psychology, 2009, 82 (1): 183 – 200

［192］ Yeh C. Tourism involvement, work engagement and job satisfaction among frontline hotel employees ［J］. Annals of Tourism Research, 2013, 42: 214 – 239

［193］ Zacher H, Winter G. Eldercare Demands, Strain, and Work Engagement: The Moderating Role of Perceived Organizational Support ［J］. Journal of Vocational Behavior, 2011, 79 (3): 667 – 680

［194］ Zagenczyk T J, Scott K D, Gibney R, et al. Social influence and perceived organizational support: A social networks analysis ［J］. Organizational Behavior & Human Decision Processes，2010，111（2）：127 –138

［195］Zagenczyk T，Gibney R，Few W，Scott K. Psychological Contracts and Organizational Identification：The Mediating Effect of Perceived Organizational Support［J］. Journal of Labor Research，2011，32（3）：254 –281

［196］Zhang Y，Farh J，Wang H. Organizational antecedents of employee perceived organizational support in China：A grounded investigation［J］. International Journal Of Human Resource Management，2012，23（2）：422 –446

［197］Zhang Yi-wen，Can Yi-qun. The Chinese version of Utrecht Work Engagement Scale：An examination of reliability and validity［J］. Chinese Journal of Clinical Psychology，2005，13（3）：268 –270

［198］Zhou Y，Miao Q. Servant leadership and affective commitment in the Chinese public sector：mediating role of perceived organizational support［J］. Psychological Reports，2014，115（2）：381 –395

［199］宝贡敏，刘枭. 感知组织支持的多维度构思模型研究［J］. 科研管理，2011（2）：160 –168

［200］曹慧，梁慧平. 员工公平感对组织公民行为的影响：组织支持的中介作用［J］. 科技管理研究，2010（14）：186 –192

［201］曹科岩，宁崴. 人力资源管理实践对员工敬业度的影响：组织支持感的中介作用——基于广东省高科技企业的实证研究［J］. 科技管理研究，2012（5）：174 –178

［202］常凯，陶文忠. 人力资源管理与劳动关系调整［J］. 中国人力资源开发，2006（8）：4 –9

［203］陈正昌，程炳林，等. 多变量分析方法：统计软件应用［M］. 北京：中国税务出版社，2005

［204］陈志霞. 知识员工组织支持感对工作绩效和离职倾向的影响［D］. 华中科技大学，2006

［205］从连锁经营行业数据看中国员工敬业度［J］. 中国新时代，2014（1）：68 –70

［206］傅升，丁宁宁，赵懿清，等. 企业内的社会交换关系研究：组织支持感与领导支持感［J］. 科学学与科学技术管理，2010（6）：175 –181

［207］纪晓丽，曾艳．知识型员工工作价值观对组织支持感与工作绩效的中介影响［J］．科技进步与对策，2008，25（8）：193-195

［208］蒋春燕．员工公平感与组织承诺和离职倾向之间的关系：组织支持感中介作用的实证研究［J］．经济科学，2007（6）：118-128

［209］柯江林，石金涛．驱动员工知识转移的组织社会资本功能探讨［J］．科技管理研究，2006，26（2）：144-146

［210］李金波，许百华，陈建明．影响员工工作投入的组织相关因素研究［J］．应用心理学，2006，12（2）：176-181

［211］李敏，刘继红，Stephen，等．人力资源管理强度对员工工作态度的影响研究［J］．科技管理研究，2011（19）：147-150

［212］凌文辁，杨海军，方俐洛．企业员工的组织支持感［J］．心理学报，2006，38（2）：281-287

［213］刘璞，井润田，刘煜．基于组织支持的组织公平与组织承诺关系的实证研究［J］．管理评论，2008，20（11）：31-35

［214］刘永芳．归因理论与人力资源管理［M］．上海：上海教育出版社，2007

［215］卢纪华，陈丽莉，赵希男．组织支持感，组织承诺与知识型员工敬业度的关系研究［J］．科学学与科学技术管理，2013（1）：147-153

［216］邵芳，樊耘．基于人力资源管理的双视角组织支持模型构建［J］．软科学，2013，27（7）：109-114

［217］宋利，古继宝，杨力．人力资源实践对员工组织支持感和组织承诺的影响实证研究［J］．科技管理研究，2006（7）：157-160

［218］谭小宏．个人与组织价值观匹配对员工工作投入、组织支持感的影响［J］．心理科学，2012，35（4）：973-977

［219］唐贵瑶，魏立群，贾建锋．人力资源管理强度研究述评与展望［J］．外国经济与管理，2013，35（4）：40-48

［220］汪晓媛．战略人力资源管理、员工信任与知识共享关系研究——基于内容与过程整合的视角［D］．苏州大学，2012

［221］王丽平，韩二伟，黄娜．人力资源管理实践对员工敬业度的跨层次影响——基于组织嵌入和心理授权的中介作用［J］．大连理工大学学报

（社会科学版），2014，35（1）：42－47

[222] 王丽平，于志川，王淑华．心理距离对知识共享行为的影响研究——基于组织支持感的中介作用 [J]．科学学与科学技术管理，2013，34（9）：37－45

[223] 王震，孙健敏．人力资源管理实践、组织支持感与员工承诺和认同——一项跨层次研究 [J]．经济管理，2011（4）：80－86

[224] 魏江茹．高科技企业知识员工组织支持和组织公民行为的关系研究 [J]．软科学，2010（4）：109－111

[225] 温忠麟，张雷，侯杰泰，等．中介效应检验程序及其应用 [J]．心理学报，2004，36（5）：614－620

[226] 吴继红．组织支持认知与领导—成员交换对员工回报的影响实证研究 [J]．软科学，2006，20（5）：63－66

[227] 吴明隆．结构方程模型 [M]．重庆：重庆大学出版社，2012

[228] 袁少锋，高英．组织支持对工作压力的中介效应研究——基于知识型员工样本的实证分析 [J]．应用心理学，2007，13（4）：373－378

[229] 张文彤．SPSS 11 统计分析教程（高级篇）[M]．北京：北京希望电子出版社，2002

[230] 周浩，龙立荣．共同方法偏差的统计检验与控制方法 [J]．心理科学进展，2004，12（6）：942－950